风靡全球●改变世界

潜意识

THE SUBCONSCIOUS

突破阶层之墙

高原●著

CNS PUBLISHING & MEDIA | 湖南文艺出版社 HUNAN LITERATURE AND ART PUBLISHING HOUSE 博集天卷 CS-BOOKY

风靡全球改变世界的神奇力量

已经改变全球9600万人的命运 ●你不可不知的超级神秘力量！

◆ 19世纪最伟大的发现不是在物理学领域，而是在精神领域，那是人类的潜意识在信仰的触动下所产生的力量。在每一个人身上，都储存着无尽的潜意识力量，它可以战胜一切困难。

◆ 如果将人类的整个意识比喻成一座冰山的话，那么浮出水面的部分就是属于显意识的范围，约占意识的5%，而 95% 隐藏在冰山底下的意识则属于潜意识。

◆ 潜意识聚集了人类数百万年来的遗传基因信息。它囊括了人类生存最重要的本能与自主神经系统的功能与宇宙法则，即人类过去所拥有的所有最好的生存情报，都蕴藏在潜意识里。

◆ 爱因斯坦、爱迪生等天才人物，一生中只不过运用了他们潜意识力量的2%不到。因此，任何人不论才智的高低、背景的好坏，也不论你的愿望多么遥不可及，只要懂得驾驭这股潜在的力量，就可以左右自己的命运。

◆ 《潜意识》为你揭开“心想事成”的秘密！如果能灵活地运用潜意识的力量，就能够游刃有余地操纵命运，实现愿望、获得财富及健康。

◆ 几百万年前，在宇宙万物中，蕴藏着一股神秘的力量。这种力量可以改变世界，创造一切。一百六十多年前，科学家发现了这种神秘的力量。近十年，它在美、加、英、法、德、意、葡、日、韩、丹麦、荷兰、巴西、爱尔兰、西班牙、澳大利亚、马来西亚等一百八十多个国家流行开来，它风靡全球，改变世界！

◆ 全球越来越多的人成为这种力量的倡导者与追寻者——弗洛伊德、爱因斯坦、爱迪生、威廉·詹姆斯、柏拉图、伽利略、贝多芬、卡耐基、比尔·盖茨、奥巴马、奥普拉、克林顿……许多非凡的发明家、卓越的科学家、伟大的思想家都运用这种力量获得了成功。它就是潜意识！

◆ 在欧美国家，有太多的CD与图书对潜意识这种神秘力量进行科学的理论阐述。然而却没有一本书，没有一个人，对如何激发潜意识，如何运用潜意识获得幸福、快乐、健康、爱情乃至改变命运，进行细节性的阐述。本书作者高原融合各位励志大师的理论思想，潜心修行三十多年，并通过潜意识的力量获得了心灵上的富足与事业上的成功。在本书中，他将以亲身体验告诉我们隐藏在潜意识中的成功秘诀！

潜意识，也就是人类原本具备却忘了使用的能力，这种能力我们称为“潜力”，也就是存在但未被开发并加以利用的能力。

——精神分析学派创始人　西格蒙德·弗洛伊德在其著作《精神分析引论》中首先提出

倘若你想达成目标，便得在心中描绘出目标达成后的景象；那么,梦想必会成真。

——英国当代动机大师　理查·丹尼斯（Richard Danny）

一个人的人生幸福，只靠道德方面的努力是不够的，我们必须经常描绘自己将来的幸福形象，并依靠万能的潜意识来帮助实现.潜意识一旦接受事情后，就会想尽办法去实现它，之后你只要安心等待就可以了。

——世界著名精神法则研究权威、潜意识权威约瑟夫·摩非博士（Joseph Murpy）

我这一生不曾工作过，我的幽默和伟大的著作都来自于求助潜意识心智无穷尽的宝藏。

——美国幽默大师、著名作家　马克·吐温（Mark Twain）

那些能干的人，往往是那些即使在最绝望的环境里，仍不断传送成功意念的人。他们不但鼓舞自己，也振奋他人，不达成功，誓不休止。

——世界潜能激励大师、Unlimited Power 作者安东尼·罗宾（Anthony Robbins)

灵感并不是在逻辑思考的延长线上产生，而是在破除逻辑或常识的地方才有灵感。

——相对论创立者、物理学家　爱因斯坦（Albert Einstein）

19世纪最伟大的发现不是在物理学领域，而是在精神领域，那是人类的潜意识在信仰的触动下所产生的力量。在每一个人身上，都储存着无尽的潜意识力量，它可以战胜一切问题。

——美国心理学之父　威廉·詹姆斯（William James）

潜意识的力量比意识大三万倍以上。所以，任何的潜能开发，任何的希望要实现，都是依靠你的潜意识。

——世界潜能大师、成功学权威、博恩·崔西（Brian Tracy）

潜意识的力量无远弗届。我愈是深入研究心灵层面，就愈见识到潜意识的强大力量。

——华语世界首席身心灵作家　张德芬

每一个人都具有特殊能力的电路，但大多数人却因为不知道而无法充分利用，就好像怀揣宝物而不自知；只要能发掘出这项秘藏，人类的能力将会完全大改观，会展现出超乎寻常的能力。

——《超右脑革命》作者、日本科学会顾问　七田真

如果每个人都能想象自己的梦想，梦想就可能出现。尽量试着在脑海里具体地拼凑它的雏形。

——《脑内革命》作者　春山茂雄

目录_Contents

第四章 财富的积累原则

第五章 走出塌陷的人际圈

第六章 “野心家”和“实干家”的跨越

第七章 请让心灵先富裕起来

第八章 破阶的秘密武器

序 从乞丐到总裁的心灵距离

当我和公司的合伙人杰米·普利斯在位于华盛顿波托马克河畔的高大写字楼里庆贺一个新的项目签约成功时，他突然饶有兴趣地问我："一个人从山脚走到山顶，需要经历些什么呢？"

我想起的是自己过去的十年。从中国东部海岸的一座小镇刚来到美国时，我不过是一个拿着国内普通大学本科毕业证的愣头小子，怀着无穷大的梦想，希望干一番大事，功成名就，改变自己的生活，挤入上流社会，但找工作时却四处碰壁，甚至不能稳定地解决自己的温饱问题。

在那段时间里，我每天都感觉自己生活在地狱，得以维持生计的工作不过是在肯德基做六小时的"清洁工"。当我马不停蹄地穿梭在各个座位之间的时候，心灵是麻木的，梦想是破碎的，我认为自己没有希望了，这个毫无生机的阶层将完全锁住我，认定自己将要做一辈子穷人。我能听到的只是大堂经理恼怒的催促："喂，高，那边的客人因为桌子不干净没办法落座，你没有看到吗？赶快过去！"

当我因为第二次"偷懒"被发现的时候——其实我只是在一个可爱的小孩面前稍微停顿了一会儿，因为她手里的迪斯尼玩具实在太有趣了。大堂经理毫不犹豫地把我请到了只有一张桌子和一把椅子的简陋办公室里，用铁一般的腔调告诉我："你被炒了。"

我没有任何留恋地离开了这份工作，因为那时我开始知道，生命不该浪费在这种毫无意义的生计上。任何看不到希望的工作，都将是一个人的噩梦，除非你马上开始改变——而且，你的心底要生出无穷的改变的欲望。

这是一段彻头彻尾的失败经历，但是却给了我极大的启示，就像上帝赋予我的礼物：在这里，有钱人和穷人肥瘦不一的屁股同样都坐在这些角度和规格完全一样的硬板凳上，没有谁是特殊的。我恍然明白，之所以那么多的人把肯德基这种快餐厅作为格调的象征，不过是因为在这里没有阶层之分，穷人和富人被平等对待。不管你是穷人还是富人，你都需要亲自点餐，自己端着盘子找位子。

这道墙真的难以突破吗？不是的，我的绝望是多么可笑。只能做一个充满抱怨和愤怒的服务生，是因为我的思维和行动还停留在穷人的牢墙里，而不是因为我没有资格或者能力。所以，我决定开始创业，四处找朋友借钱和融资。

在美国社会，借钱是一件充满风险的事情。如果你表现不出足够的说服力，没有谁会施舍给你，哪怕你雄心万丈。我在这里举目无亲，在国内也没有房子，所以没有一位华人愿意帮助我。后来，我联合了一位叫做凯特的美国人，他和我一样激情四射，充满着改变命运的欲望，而且他有无穷无尽的自信。他认为自己天生就是一名强人，不应该待在底层世界每天混点儿失业保险金。

当凯特与我见面时，他的第一句话是："我能帮助你成功，你能帮助我吗？"

我顿时笑了出来，哈！真是一幕让人"耻笑"的场景——两个一无所有、希望获得他人资助的笨蛋，互相之间交谈的第一个话题竟然是要帮助对方成功。可是，我们随后表现得无比严肃，一拍即合，花费了两周的时间去做市场调查，然后熬了几个通宵，做了一份近乎完美的商业计划书。我和凯特凭借这份计划书，从风投公司融资30万美元，成立了一家不大不小的广告公司，为华尔街的那些证券公司和各种从事股票交易的投机商提供网络营销服务。

我很快就以为自己已经成功了，从此不再是那个端盘子的穷小子了。成功真的这么简单？就像天上掉馅饼一样，只要心有所思，就一定心想事成！我当时差点儿信以为真了。但是突然有一天，席卷全球的金融风暴发生了，我和凯特所有的钱化为乌有，甚至连买一个汉堡的钱都拿不出来。不但如此，我们还欠了银行以及风投公司上百万美元。这就像一个人瞬间从地面飞到天空，然后立刻又狠狠地摔了下来。没有人再来帮我，就连一间地下室我都租不起。朋友和亲戚都不再与我联络，因为我是他们眼中最唯恐避之不及的人，一个欠了一屁股债、没有丝毫前途的瘟神。

随后的几个月，我变成了一名华人乞丐，穿着一身四季不换的风衣，努力遮住脸，每日行乞于华尔街的闹市，不管日晒雨淋，刮风下雨，都得伸手向匆匆而过的白人可怜巴巴地要一美元，但通常得来的，不过是几美分或者一记白眼。甚至有一次，一个长相凶悍的白人冲上来揪住我的衣领，把我丢到墙角，很小声但又无情地对我说："小子，这条街不允许带颜色的皮肤行乞，滚回你的老家去。"

那是我最无力的时刻，既受到了奇耻大辱，又在痛苦之中发现了一个真理：当你落水的时候，没有人同情你，只有靠你自己，才能从河里爬上来，重新穿上衣服。我告诉自己，想让人尊重，就不能将自己视为一个"一无所有只能被人怜悯的穷人"。

"我有什么？"躺在附近公园的长椅上，我开始思考这个问题。我很年轻，只有三十岁；我的英语也不错，如果运气好，可以做个翻译；我在国内从事过半年的矿产出口的咨询工作，这是不可忽视的经历。对，没错，我应该先综合这些优势，为自己谋得一份工作。

当你冷静下来思考未来的时候，当你开始理性地判断自己的能力，当你平心静气地与自己的潜意识进行交流时，你总能发现事情并没有像你想象的那么绝望。挡在面前的墙壁，高大厚实，任你如何冲撞都不会倒塌，但你却可以沿着墙角耐心寻找，总有一个出口容你通过。我很快平静下来，带着之前积攒的生活费，每天寻找适合我做的工作。终于有一天，我进入了KDF矿业集团，从一名普通的翻译做起。这里成了我人生的重要起点，通过两年的辛苦工作，我积累了足够的人脉资源。等到一个天赐良机降临时，我果断地抓住了，在力所能及的范围内融资100万美元，集合一批同道中人，在美国成立了ONG广告公司。

今天，你正在阅读我的故事。这是一个穷小子的心灵励志传奇——不，也许他只是有一些走运，习惯并且擅长挖掘自己的体内全部的能力；他对潜意识有着强烈的兴趣，每天都在跟自己的心灵对话；他不喜欢失败，但他能够接受任何挫折，并充满欢乐地面对人生路途上的一切麻烦。他不是一位排得上号的成功人士，但他知道应该如何逃离人生的困境。

相信我，当你读到这里时，如你回视自身，请确信，有一天，你也可能会变成一个以乞讨为生的乞丐，或者被各种失败打击得垂头丧气，失去希望。但这并不重要，只要你在命运面前不失去理智的判断，变成一个身家千万的富翁，冲出人生的亚马逊之河，可能只需要短短的几年甚至更少的时间。但是，打破这道阶层之墙的前提就在于：

你必须时刻准备着，清醒地知道如何改变自己，展示自己的聪慧、耐心以及果敢，并抓住一切稍纵即逝的好机会。对于我们每个人来说，这都不难，因为上帝是公正的，他已经将这种神奇的力量深深地埋藏在了你的心灵之中。本书将带你去寻获这些助你突破命运之墙的武器，和你一起思考并且实现心灵的富裕。

第一章

你为什么是穷人

80%的人不知道自己为什么穷

你，为什么是穷人呢?

你，为什么总有一种强烈的感觉，认定自己是一个没有机会坏运连连的穷人?

谁都可以这样问问自己：“我，为什么我是穷人？”

长久以来，我都在做着一项关于贫富形成的潜意识角度的心理分析。我走访了国内外几千名生活窘迫的工薪阶层，他们有华尔街的银行失业职员，洛杉矶唐人街的餐馆服务生，上海的保险公司业务员，北京的书城营业员，得到的结果很奇怪，但并不出乎意料：80%的人不知道自己为什么穷，而且大多数人都在为自己的贫穷寻找借口。

他们众多的借口归结起来，琳琅满目，五花八门，每一个借口都看起来像是铁定无法改变的事实，比如天生胆子就小、没人脉、没钱、机会没有降临、没有当官的亲属、有钱的爸妈……每个人都有一肚子的委屈要说，好像生下来他就只能做牛做马，赚取一点微薄的薪水，买不起房子，娶不起媳妇，每日量入为出，身上戴满了镣铐。诸如此类的种种借口，构成了穷人的“贫穷心态”。

但是，在所有的理由之中，我唯一没有看到的，是他们对于自己的反省。他们知道自己穷，但却不知道为什么穷，穷在哪里。穷人总是在嫉妒富人，或者说，失败者总是在可怜自己，把责任推卸给那些已经成功的人，认为是他们抢占了自己的机会。

这就是绝大多数失意分子的理由：虽然我不知道自己到底能干什么，但我看见你们不让我干什么。

在人的潜意识中，始终存在一个区域，它负责帮助我们的大脑分析事件的原因，并对“自我”在事件中的定位进行确认。在这个过程中，潜意识自动行使着两种功能。

一、帮你找到“责任人”。

你应聘一个重要的职位失败时，大脑浮现出的第一个念头是什么呢？“我为什么失败？”到底是谁的责任导致了这种局面？无须你发布命令，潜意识会自动开始这一过程。不管是成功的还是失败的事件，当它确实地发生时，我们的潜意识就将开始寻找责任，帮助你弄清原委，确定来龙去脉，给你一个交代。

二、帮你做下一步决定。

当责任明确时——80%的人会将责任推到心灵的门外，归咎于外在的因素。大部分人在这种时刻，都会首先安慰自己，啊，不是我的因素呢！随后就是告诉自己：虽然不想过这样的生活，虽然我也想求得那份薪水很高的工作，但鉴于挑战的难度实在太大，还是凑合着过下去好了。

于是，他的潜意识能量团没有发生任何波动，奇迹在他的生活中是不会发生的，尽管那不算什么惊人的变化，只是一个人切实拥有的一种能量。他做出的决定将是坦然地从这家公司离开，转而去一家收入低微的普通单位，企望得到一份养家糊口、不会轻易失业的工作。薪水低一点没关系，只要让我填饱肚子就可以了。

没错，这是他做出的决定，是潜意识给出的答案，同时也是他这一生最真实的写照。

我的朋友凯特是一个另类的例子，虽然他和我一样曾经跌得很惨，但他找到了真正的原因，而且他一直很自信。不是每一个人都可以做到像他那样自信，几乎没有一位老板愿意给他一份体面的工作，他屡遭打击，但是他始终相信自己可以做些与众不同的事情。他将潜在的能量发挥到了极致，虽九死犹未悔。在金融危机过后，凯特卷土重来，他的好运气也跟着来了，很快在一家证券公司得到了一个非常重要的位置。

证券公司的老板邀请他出任理财顾问的理由是：你经历了那场最严重的危机的所有的细节，所以你比谁都明白客户的心理。这就是凯特的收获，只有当你明白自己为什么需要改变，以及为了什么去改变的时候，才能在迈出步伐的同时还能找到准确的定位，并成功地收到上帝的礼物。

当我明白自己为什么穷时，我没有再犹豫下去，立刻开始了改变自己的行动。人生只有短短的几十年，晚一秒钟都不行，我穷在没有剖析内心的弱点，忽视自己的优势和未来无穷广阔的可能性。许多穷人都在盲目中不自觉地给自己戴上沉重的镣铐，但我不会。我轻装上阵，带着极强的目的性去理性地和富有行动力地准备人生的每一步。

所以现在，我才有机会给各个年龄段的人提出我的建议和劝告，人们的经历一直在不停地告诉我一种真实存在的现象：每一个人都有自己的自我定位，在潜意识中，对于自己为什么穷，都有一个明确的定位。但是不幸的是，他们意识不到这一点，而且事实上，他们实际上的定位往往是错误的，这就是穷人为什么总是一直穷下去的主要原因。

这个定位深深地隐藏在你的潜意识里。人们在生活中一贯的体验是，自己为了实现一个既定的目标，付出了超出想象的艰苦的努力，但却收效甚微甚至毫无收获；付出惨重的代价，却得到一个让人沮丧的下场。有些人投资失败，一夜变成赤贫；有些人挣扎十几年，还在原地踏步。原因在哪儿？他的潜意识中的自我定位与他真正的目标并不一致，于是极大地削弱和降低了他的努力和付出。

如果你将自己定位为一名不可改变命运的穷人，你这一生都会在失去了赚钱动力的基础上度过，就算有赢利的机会你也视而不见，抓不住那些上帝送给你的绝好机遇。

如果你认定自己让人讨厌，简直可恶极了，那么即便别人对你真心地夸奖，你也将强烈地感觉到他在说谎，不自信笼罩在你的心头，觉得自己一无是处，前途没有一点希望，还会将责任推给外界的各种因素，并且决定就这样浑浑噩噩地度过一生。

过时的和错误的心态，以及不擅长分析原因的坏习惯，是潜藏在穷人的内心、影响他走向成功的最为致命的负面因素。当你试图探析自己的潜意识，更新自我定位，并且做出第一步改变的时候，一个迫切而必要的目标就是——你要找到真正适合自己的人生方向，明白你现在的处境是什么原因造成的，因为它直接关系到你付出的效率，决定着你下一步的成败。只有这样去思考并形成习惯，激励自己付出不懈努力，梦想才有实现的可能性。

揭开“底层噩梦”的盖子

在我从国内来到美国接近二十年的时间，我观察到，不管是华人社会还是西方社会，在阶层分化中，都有一个普遍的现象。底层噩梦和富裕症相互交集，产生了一种隐性不可见的潜意识世界：人们对于金钱既渴望又恐惧。

不过，相对于华人社会，西方社会又有一些不同。穷人和富人的距离相对接近，而且西方穷人的底层噩梦并不鲜明地存在于社会的每一个角落，这基于整个社会的群体意识所呈现出来的积极效应。

第一，因为每个人都向往平等并愿意付出更多的努力，所以普通人和穷人一般不会有太多的自卑感。

第二，西方社会的生活水平比较高或者说整体的富裕程度很高，这使得他们不用为基本的生活条件而忧虑，可以将大部分的注意力集中在归属与爱、自尊和人生价值的自我实现等心灵层面。

第三，富人拥有更好的名声，因为西方社会的慈善事业发达，有钱之后乐于拿出一些钱用来资助慈善的人很多，如此一来富人最大程度地为自己赢得了穷人群体的尊敬和较好的社会声誉。

相比之下，华人社会因为人口众多，过度竞争的现象十分严重，这使得人们的危机感更强，贫富阶层的分化也更加明显。每个人的潜意识其实只有一件事：如何让自己有更多钱？但现实是赚钱很难，摆脱“底层噩梦”的概率并不是很大，这使得华人尤其是中国人对于“穷困”的恐惧感尤为强烈。

“我现在很穷吗？”

“到底怎样我才能有钱？”

“我如何才能发家致富，不再过这种拮据的日子？”

“看看她，她真是太幸运了，嫁了一个有钱老公！”

“我想买房子，可是再奋斗三十年也买不起，我该怎么办？”

……

如果仔细倾听中国人的心声，总能听到这样的声音。这是噩梦的声音，许多人为自己编织了一间冲不出去的黑暗房子。他们在里面每天哀怨叹息，因为他们发现自己成为了各种“奴隶”：房奴，卡奴，车奴，当然还有“梦想奴”——设计了无数的理想，就是难以实现！从穷人到富人之间隔了一堵无法穿透的墙，不管怎样都没有办法挪动半分，于是只能生活在潜意识强加给自己的噩梦里。

噩梦的语言之一：“世界太不平等了！”

为什么肯德基和麦当劳在中国这么受欢迎？因为他们很巧妙地满足了穷人渴望平等的潜意识。在这里，没有雅间和包厅，就算你付再多的钱也没有，所有的人都一律到大厅就坐，任何身份的人都没有特权。每个人都必须排队付款，自己端着盘子去找座位。座位和桌子是固定的，不能挪动一厘米，椅子的长短和角度都是一致的，不管你的身材高矮，平日的习惯是什么，在这里都没得选择，一视同仁，这是阶层平等最直观的体现。

我们首先看到的是，穷人的内心在这里找到了某种精神上的平衡，但却体现了他们最强烈的心声：“这个世界太不平等了！”

没有钱和无法赚到钱的人总是在抱怨命运，他们认为命由天定，噩梦是不可能摆脱的。命运已经如此安排了，我还能怎么样？他这样想着，就继续过着自己的穷日子，踏实地做着穷人，然后不停地埋怨。但是抱怨能解决什么问题吗？不会的，它起到的唯一作用就是使你越来越贫穷。就像印度前总理尼赫鲁曾经讲过的一句话："生活就像是玩扑克，发到手里的是什么牌是定了的，但你的打法却完全取决于你自己的意志。"

那些整天都在噩梦中抱怨的人，他们将自己的心思全都花在了看不顺眼或者让自己遭受了一点儿挫折的事物上，从而错失了一个个本该抓住的大好的致富机会。在我看来，创业和致富的机会对任何人都是平等的，不分富人和穷人。可惜的是，那些最终成为穷人阶层的人，不是没有得到机会，而是在一种先入为主的"弱者思维"下，用抱怨的态度错过了机会。

然而，这个世界的真相是，机会从来都只会垂青那些善于反省和真抓实干的心灵强者，而不是那些整天只知道抱怨和咒骂的人。如果你认为自己生活在底层的噩梦里，只懂得抱怨，那么你就会真的得到噩梦一般的生活，和数不清的怨言做伴。

1. 我真是又累又穷！

作为现实生活中的失败者，他们最为典型的句式是：

"我每天累得腰酸背痛，起早贪黑，可就挣这么一点儿钱，到底凭什么？"

"老板吹吹空调动动嘴皮就挣那么多，又是凭的什么？"

但是，在任何一个年代都会有一个定律，掌握了最新技术以及高级管理能力的人群是致富的群体，没技术没能力只能出售苦力的人则组成了庞大的劳动群体。当你感到自己又累又穷的时候，可否想过其中的原因？使自己每天深陷噩梦的根源是什么呢？

如果你清楚地知道原因，却又缺乏改变的意识和欲望，只想不停地诉苦：“我很累，我很穷！”现实将不断地强化你现在的角色，使你在其中越陷越深，很难从中走出来。

与其抱怨噩梦般的生活，不如多去提升能力，学习管理和技术。重要的是懂得管理自己，激活内心的力量。假如你不想放弃抱怨却还想发家致富，那将是非常可悲的生活状态。

2. 政府在偏袒那些有钱人！

我以前认识了一个美国穷人，他把噩梦的原因归结到了政府层面。他认为美国的富人太不人道了，政府太让人失望。他总说富人之所以越来越富的原因在于当局政府的大量扶持和偏向于富人的税收优惠政策，也就是说，美国政府是富人的机器，却不是穷人的福音。

“白宫那群衣着光鲜的西装佬，他们只会帮着有钱人，这是肯定的，我们没有机会。”

啊，这是一个铁定无疑的事实呀！慈善家总是稀有物种。世界上所有的政府都是为有钱人服务的，穷人总是很难得到公平的机会。“公平”一词之所以被发明，就是因为这个世界充满了太多的不公平。但是揭穿这一切对于你自己的命运没有任何帮助，不是吗？除了让自己过过嘴瘾，让人们同情一下，让同道中人一起愤慨，举着标语去白宫对面游行示威，要求工会领导人全都回家反省，还有什么是你能够得到的呢？

相信我，当你抱怨整个世界都在偏袒有钱人的时候。你的这种意识一定会为你创造一个真实的偏袒的世界：有钱人真的得到了好处，而你的生活越来越艰难！

3. 我想致富可是没本钱，没人给我本钱，他们都不帮我！

这样的思维显然非常苍白，没有说服力。将自己的境遇归结于无人帮助，不但是无能的表现，而且将责任推给了那些有钱人——“你为什么不分给我一点钱？”可是，别人辛苦赚来的钱为什么要分给你？

富人也有着他白手起家的阶段，为什么他可以而你就不行？起点不好不是60分的理由，但却总是成为百分之百的借口。

噩梦的语言之二：“如果失败了怎么办？我很害怕！”

另一种噩梦是害怕失败。他们虽然很想改变自己的生活，潜意识中充满了对于富裕的渴望，但却十分恐惧一个很可能发生的结果：一旦遇到风险，我该怎么办？

他们是真正意义上的“灵魂赤贫”，他们害怕失败，或者曾经遭遇过和看到过别人的失败，因此格外惧怕失败对他带来的伤害和痛苦。所以这些人做事情的时候必然瞻前顾后，斤斤计较，没有十足的把握就不敢下决心或者无法作出挑战困难的决定。他们在自己的生活中遇到失败和挫折的概率或许会大大地降低，但他也因此距离成功越来越远，只能在渴望和恐惧的矛盾心情中虚度光阴。

和我一起从大学毕业的两名同学曹先生和孙先生，分别选择了两条不同的发展道路。曹的性格较为内向，处事小心谨慎，所以他应聘到了国内的一家广告公司做文案，两年后当了部门经理。而孙则大胆地走出了创业的第一步，他在上海开办了一家小型咨询公司，业务范围很广，既帮助别人订机票，也提供很多咨询服务。公司的业务表面看上去的确很红火，但实际的收益却不高，最后在资金紧缺的时候，孙先生不得不宣布公司倒闭。

据孙先生后来告诉我，曹先生曾经告诫过他，对他说："我们现在刚毕业，最好的方法就是先积累一些经验，然后再图发展，像你这样一开始就创业，注定会失败的。"当然，孙先生肯定会在失败的时候为自己当初的"鲁莽行为"感到无比的懊悔。

一次偶然的机会，我在蒙大拿遇到了孙先生。他向我倾诉了心中的苦闷，告诉我，他因为这次的失败，对创业充满了恐惧，再也不相信什么改变命运的鬼话了。他决定老老实实地找份工作，做一名普通的工薪族。但我却对他说："你应该感到高兴，因为你在这么年轻的时候，就经历了创业的失败，这将是你一笔宝贵的财富。"

因为年轻，所以他还有很多的机会，加之已经积累了创业的经验，这意味着他离自己的成功已经越来越近。在创业之前他一无所有，现在失败之后，不过是回到了起点，并没有失去什么，为什么要把失败当成一种噩梦呢？这只会打击内心的自信，让自己一蹶不振。只要他总结以往的经验，继续努力，就有机会东山再起。

听到我的分析，孙先生的心情平静下来，他找到了正确的角度来看待自己的处境。不久，他再次开始了行动，先是认真地总结了前次失败的原因，是由于他对公司的定位有问题。他认为，如果自己能够专心地经营某一个固定的领域，不再追求四面开花，那么一定可以打开生意的突破口。几个月以后，我接到孙先生从国内打来的电话，说他的新公司已经签下了一笔利润不菲的订单。对此我深信，孙先生取得更大的成功只是一个时间上的问题。

但是曹先生呢？据我了解，就在孙先生的新公司经营得如火如荼时，曹还在那家广告公司打工，而且因为缺乏进取心，部门业绩始终上不去，已经被降职。

大部分的成功都伴随着巨大的风险，没有谁是被上帝保护着一路平安登上顶峰成为亿万富翁的。只有安于现状的人生态度，才会造就惧怕风险的表现。他们虽然穷，但却害怕挫折，不知道自己已经是在人生的谷底了，没有什么可以失去的，却已经在幻想自己拥有了一切，害怕它们离自己而去。

归根结底，这是出于对挫折的痛恨：他们无法理解人生挫折对于改变命运的真正意义。挫折的出现并不是坏事，有时反而是一种必要之举，因为它可以提醒你在某些方面犯下的失误，让你意识到自己已经走错了道路，浪费了一些时间。或是在某件事情上的处理方法需要调整，或者是自己的合作伙伴出了问题。你找错了合作对象，用错了人。不管什么类型的挫折，它都让你有机会有时间去反省自己到底错在哪里，然后让头脑冷静下来，及时地调整自己的思路，避免造成最终不可挽回的失败。

与此相反的是，绝对安全的背后恰恰潜伏着危险。就像温水煮青蛙的试验，我们把一只青蛙放进一口盛满了凉水的大锅，然后用温火慢慢地加热，青蛙在开始的时候并不能感觉到它正处于极端的危险之中。它在一段时间内还会怡然自得地游来游去，但当它感受到升高的水温，察觉到危险的时候，已经浑身无力了，从而无法逃离被煮死的结局。

如果你试图摆脱这种噩梦，就必须正视挫折和失败的风险，把它作为一个改变现状的契机。你就要试着去接受已经发生的现实，而且你要为以后可能还会遭遇到的失败作好充足的准备，让自己彻底摒弃潜意识中那些鼓动着让你安于现状的懒惰的欲望。

麻木和抱怨的心灵绝症

在任何时候，如果自己拥有了一颗麻木的心灵，对于生活只有讨伐的心态却没有实质的举措，都是导致一个人陷入贫穷的最重要的因素。

我们来分析一些贫穷的家庭，会发现他们之所以陷入这种境遇，不外乎有以下三种情况：

① 花销和开支较大，因为家中有残疾人或常年卧床不起的病人，这种原因使他尽管有较高的收入，赚钱能力很强，但经不起太高的消费支出，经济状况左支右绌。

② 自甘贫穷和习惯于贫穷的潜意识状态，他们满足于小康或温饱的水平线，不求上进，只求吃饱喝足，稳妥地过好每一天，从来不敢去冒险。

③ 还有少部分人，他们懒惰成性，并具有某种恶习，比如嗜赌如命，投资股票但又缺乏经验。他们虽然对富有非常渴望，但往往对贫穷的现状又很麻木，有根深蒂固的自卑意识，认为自己就是贫穷的命。

在我看来，富人致富有着很多不同的原因，但大多具备一个共同点：敢闯，并敢于承担风险。许多中国人的致富经历大体相似，他们大部分是从得到了一笔贷款开始。起初他们是某种家庭式的小企业，比如从事养殖和开办农庄饭馆等积累原始资本；或者收购废品，卖医疗器械等。这种家族式的经营，一人先富，带动整个家族一起致富。在有了原始财富的积累后，才涌入了投机类的市场或在更大的机会诱惑下，向房地产及其他行业进军，成为更多财富的主人。

在这个过程中你会发现：他们没有一个人对现实感到麻木和不停地抱怨。他们不甘心命运给自己的安排，有强烈的动力去改变贫穷的现实，一步步地改善生活境遇。但是穷人却不一样，他们连自己的思想都是贫穷的颜色，等到心灵也感到麻木的时候，那就只能永远地贫穷下去了。

在我看来，麻木的心灵最容易让一个人习惯于在贫穷的生活中熟睡，使他在碰到困难的时候思想停滞不前，虽有幻想万千，但往往会在最后选择一条最容易的退缩之路。什么都不干是不用付出任何辛苦的，只须蹲在原地就行了。穷人普遍认为承受外部环境无情的鞭挞和生活的煎熬要比什么都不做的退缩艰难得多，在风险面前不要冒头，这是他们感到很容易做的事。即便身边很多人匍匐前进，艰难而行，历经磨难，最终达到了成功的顶峰，他虽然在对比中感到失落，但仍然能为自己找到自以为恰当的理由："是那个人运气太好了！不是我不行，是命运之神垂青于他，上帝不公平，我又有什么办法呢？"

你可以看看自己的身边有多少梦想富有，可又一直安于现状的人？他们不但心态麻木，不停抱怨，而且生活习惯多是固定的两点一线，昨天做什么，今天还做什么，明天照旧如此，从来不改变自己的生活轨迹，屈从于习惯。可他们的内心却总在希望出现不同的结果，渴望并呼唤上帝的拯救。

在潜意识的世界中，我把这种心灵模式叫做"只祈祷而不行动"。他内在强烈的意念只是自言自语，焦急的内心冲动始终是没有方向的烈火。最终，随着时间的慢慢推移，他们对于生活的种种境遇已经完全麻木了，不思进取了，即使再怎么贫穷也早就习惯了。这团渴望的烈火没有点燃生活，却烧掉了他自己。不少人在他们才三十多岁的时候就没有了奋斗的精神和改变命运的欲望！

我曾经在美国西部的沙漠边上见过一个墓碑，上面写着："此人二十岁死亡，八十岁埋葬。"这个人早在二十岁就失去了进取精神，他余下的六十年生命，只是肉体活到八十岁而已，如同一具行尸走肉。

穷人容易将麻木当成自己对于生活的适应。

当一个人认为环境是永远都无法改变的时候，他就从震惊、愤慨变成了接受和适应，对此熟视无睹。他认为自己适应了生活，顺从了现实——而且经常解读为这是淡定与平和的境界。可实际上，他不但没有能力获得物质的改善，也得不到心灵的宁静。

如果自己能够意识到深陷于麻木生活的痛苦，证明这个人还不是真的无药可救，他只是正在沉向麻木深渊的过程中。如果你的神智对此已经有所警醒，这当然是一件好事，我们必须就此站立起来，提醒自己切不可丢了自己正常的心智，忘记人生的根本目标是实现自己的人生价值，而不是将自己遗忘。

在这个世界上，最可怕的事情，往往不是你不知道有些事怎么做，而是知道了却根本毫无作为，或者你怯于实践，无力迈出自己的脚步。这样的人，他们不断地浪费着时间和精力，空耗生命，小失去积少成多变成了大失去，然后失去了理想，消弭了内心的欲望。慢慢地，他就将自己穷人的角色固定化，进而阶层化。他成了穷人阶层的一员，一代代把这个身份传下去，个人命运演变成了家族命运。

穷人很容易因为不公平产生抱怨。

穷人当然有强烈的贫富观念，但他只活动在自己的穷圈子里。只有遇到不顺心的事时，才突然间像受到了刺激，抱怨和愤怒爆发出来。他们对社会的不公平怒目而视——这并非错误，只是他们生活的重点出现了偏差。仇视富人是没有意义的，因为决定人们的阶层的并非是那些富有的人，而是穷人和富人共同组成的这个环境。每个人都是参与者，也是结果的承受方。

当你明白这个道理时，你就知道，面对社会的不公平，你的选择应该是去突破和改造它，而不是为自己树立敌人。

一桩仇富的例子源于我在美国的见闻：某位朋友，奋斗三年而不成，赔了数十万，穷至家徒四壁。他不吸取教训，不总结经验，就转而开始仇富。他处处揭富人的短，以图集成证据，告出一桩贪贿大案。

但美国是一个讲证据的社会，所以他的每次作为，都无疾而终。几年后我们再见面，他已经完全失去当年的风发意气。最可怕的不是他现在的处境，而是他完全失去了改变现状的动力。他很坦然地享受着拮据的生活，经常伸手向朋友借钱，没有一丝羞愧感。

在他的家里，我和他有过一次时间很长、讨论很深入的谈话。他向我阐述他的观点，同时我也希望通过我的见闻，对他有所帮助。我盼着这位朋友能够振奋精神，重新认识到自己是多么强大。只要战胜自己的这些坏习惯，他就可以赢，而且一定能赢。

他对我说："在来的路上我一直在想，每个人都有各自的轨迹，这我是同意的，可为什么人还会有阶层之分？人人生而公平，可现实却是什么样呢？当我走进你所在的别墅区的时候，我的这种不公平的感觉更深了。门口的保安用蔑视的眼神看着我，严格地盘查我，又经过你这个主人的证实我才得以战战兢兢地进来，这让我感觉自己受到了严重的歧视，就像一个平民百姓缩头缩脑地走进了一座皇宫，时刻向我强调一个事实：这是与我完全不一样的高高在上的阶层。凭什么要让我承受这种压力？为什么我不能受到尊敬？"

你看，贫和富之间往往有着难以让人平衡和平静的差距，总是充满了弱势一方的抱怨和嫉妒。

我平静地说："你的心理不平衡，非常值得理解。当你对富人无比羡慕的同时，你又深深地仇视富人。许多人都是这样想的：太不公平了，大家都一样努力，但从哪里冒出来这么多的富人！他们一定使了什么阴谋，违法乱纪才剥削了这些财富。可其实，这种是非不分的仇富心理对穷人的害处是很大的。"

他继续不平地说："当然，我也经常听到朋友们发出和我一样的牢骚，比如，那些富人们的钱来路都见不得人的、都是用阴谋诡计和权钱交易得来的等等。我认为这是对的，所以我也开始做这样的工作，因为富人的钱来得实在太容易了，我没见他们付出什么，只是见到他们的银行账户的数字在不停地疯涨。"

我反问他："可是，你难道没想过另一个问题吗？假如你自己的车停在马路上，没有违反任何法律，却被人恶意地划了几道伤痕，你的心情恐不会好受。而且，有些富人当然得到了不义之财，引起他人怨恨，这是自找的，但也有很多富人是无辜的，为何要用仇视的心态去做没有意义的事情呢？"

他问我："难道穷人也有不对的地方吗？"

我答道："当然是的，而且有相当一部分的原因不在富人，而是在穷人的身上。在这个世界上，总是有许多穷人认为他之所以贫穷，是因为富人存在的缘故。他认为只要剥夺了那些无德富人的利益，就必然会增加他们这种穷人的所得，就像你在做的这些事情一样，你希望告倒那些富人，希望用法律得到一个公平的结果。可即便这些人失去了财富，你也照样是个穷人。为什么？因为你想得到钱，仍然要靠自己的努力，要靠你的劳动，你的双手，法律不会把这些钱判给你。真正的事实是，一些人贫穷的原因并不是由于另一些人的富有，而是他们只从财富的存量的角度去简单地看待这种问题，他们没有从财富增量的角度去进行思考。贫富差距和阶层分化是一种正常现象，也是社会发展的不可回避的必然结果，富人多了并不是什么坏事，因为富人的消费正是穷人的生活来源和工作机会的一部分，富人的投资也正是穷人摆脱眼前的贫困的机会——他们获得了工作机会。我们的内心的嫉妒只会让很多穷人不能理智地看待问题，同时也会在他们的潜意识中为自己埋下推卸责任的理由。但是，只有足够清醒的人才愿意正视这个事实，还会有大量的人乍一看到我的观点就会破口大骂——请注意，不想思考也不想反省，正是这部分人始终难以摆脱贫困的潜意识根源。”

他点点头，道：“是的，我想，你这几句话说得很对。”

“那么，对于嫉妒这个词汇，想必你不会陌生。”

他问道：“难道我也有让人不齿的嫉妒的心理吗？”

我继续向他解释：“我并不认为你在这方面表现得很强烈或突出。你认为富人充满了原罪，他们配不上自己的成功，所以你就拿了一把长刀，企图削平他们。这并非嫉妒，而是没有认清自己的问题。你应该让自己变得优秀起来，让自己成为和他们一样富裕的人。如果你只会打官司，去给富人制造麻烦，那你最终能够得到的，充其量只是一个两败俱伤的结局。这恰恰是不少人正在做的事情，他们遵循独赢的原则，似乎觉得，别人一旦富有了，就意味着属于自己的钱变少了，自己就要变得贫穷。对他们来说，最好大家都是穷人，谁也别想从这个泥潭爬出去，这样才能让他获得心理平衡。他们的潜意识中是这样认为的，我不能变好，你也别想享用优质的生活。我当了穷光蛋，你也得陪着我在这里喝凉水。”

他终于承认：“是的，你说得不错，我身边许多同事和朋友都经常这样说，他们在议论自己的老板时，总流露出类似的观点；甚至于，有时我也这样认为过，但却一直没有勇气面对。”

我循循善诱：“如果你没去改掉这个思维的习惯，像他们一样成为一个喜欢嫉妒和抱怨的人，将是你一生的不幸。”

他垂下头，说：“当然是这个道理，但很多事实总是让人难以接受。他们发了财，升了官，也买了车，住进了条件优越的大别墅，开起了公司，可我看看自己，十几年来过着拮据的生活，就像掉进了一个深坑，怎么挣扎都爬不上去，我的心理上怎么能够平衡呢？”

我理解地点点头，说：“阶层和财富之间的比较产生心理上的不平衡，这是一件好事，比较是可以的，有利于我们刺激自己的潜能，激发改善自己命运的动力。但你要知道跟什么人比，以及比什么，只有解决了这两个问题，你才有可能超越自己，摆脱面前的困境。”

他急切地望着我：“除了这些，还有什么具体的解决途径呢？请你告诉我！”

我说：“最后就是，你要尽量让自己看得远一些，因为穷困不是永远的，一个人拥有的财富可以散去，同样可以复来。坐着空想，不如起来实干；忙于抱怨，不如努力追赶。聪明的人会改造自己的潜意识，以便释放内在的潜能，将内心的嫉妒当做自己奋发图强的动力，当别人在不停地发牢骚的时候，他们却已经悄悄地走上了一条按部就班改变自己生活的致富之路。作为朋友，我希望你也能够做到。”

据此，我们就看到了抱怨的病态根源：仇富，痛恨不平等，怨天尤人和安于现状。

在这里面，又有两种极为病态的心理：仇穷+仇富。通过上述的解释，对于仇富心态我们已经很好理解，这既有某种因为得不到而产生的酸葡萄心理，也与社会分配的不公有关，当然，这的确还与某些失德富人的违法行为有着密切的联系。

应该说，仇富是人类一种极为普遍的情感，几乎贯穿了整个人类历史。亚当·斯密在他的《国富论》一书中就说：“哪里有巨大的财产，哪里就有极大的不平等。因为有一个很富的人，起码就要有500个穷人。少数人的富裕意味着多数人的贫穷。富人的富裕激起穷人的愤恨，匮乏经常驱使穷人嫉妒。经常促使穷人去冒犯富人的财产。只是在地方行政长官的庇护下，财产的拥有者才能安安稳稳地睡上一觉。”

但对于“仇穷”，又该如何解释呢？

当我们在谈论人们之间的贫富差距时，不能把眼光仅仅局限在有形的财产上。心灵的差距其实是一个比金钱数量的对比更让人焦虑的因素。一个人仅仅是缺少了些金钱，是不足以引发他内心强烈的焦虑与怨恨等心理的。在正常的环境中，如果有恰当的机会和鼓励，他还会有成功渴望和实际行动。只有当他因为缺少了金钱而被人歧视、侮辱和深深地漠视时，他的潜意识才会产生各种有害的心理状态，像焦虑、暴躁、冷漠、嫉妒和仇富……这些负面的心理强力地植入潜意识的深处，构成了穷人不可挽回的使得人生与命运向下直线滑落的重力加速度。

企盼奇迹的自卑心理

越是真正能够持久致富的人，他们就越喜欢与人合作。为了壮大自己的力量，他们一般更相信团队的能力，而不迷信于个人的奇迹。但是穷人往往相反，他们害怕合作。与其说他们害怕吃眼前亏，让别人占了自己的便宜，不如说他们更希望出现一个奇迹来帮助自己，使自己能够不依靠别人就变成富翁。这是一种既想赚钱又不想让其他人沾光的心理，他可能并没有意识到这种想法的存在，但他的行为无不体现着这一点。

对富人来说，他们深深地知道财富是一点一点地积累起来的，不可能短短几天就改变命运，实现一些大的跨越；可穷人却渴望只用一夜就能暴富，至少这是很多人的想法——这样的人在我们的身边遍地都是。所以炒股和买彩票的大多都是穷人，他们希望通过一次付出就能得到万倍的回报。

渴望奇迹，是内心自卑意识的反映。

这种自卑感，一是源于他不信任自己的能力，不相信自己可以掌控命运，所以缺少安全感，他迫切地希望自己从属于某个强大的组织，使自己能和很多人在一起，变成这个强大组织中的一员，像寒冬的鸟儿一样，大家挤在一起靠彼此的温度互相取暖。这样一来，大家的命运是一体的，虽然我很穷，可你们也富不了。自卑的意识会让一个人将命运交给强势的组织，从而听天由命。

二是源于他依赖于强者的渴望。这种渴望无处不在，比如你在一家公司上班，你会期盼着领导及时赏识你，慧眼识才，把你提拔起来，或者给你涨工资，而不是将主要精力放在自己的工作上。你每天盯着自己的工作成果是不是让老板看见了，而不是反思自己做得够不够好，还需要付出什么。

这是问题的关键：渴望一个奇迹的出现，让不多的付出，就为自己带来惊喜的回报。这是许多穷人的想法，所以他摆脱不了打工者的角色，总是为人服务，当一名雇员。

三是源于每个人都根深蒂固的依赖感。人对于组织有很强的依赖心理，很难改变。当一个人真正地成了某个组织中的一员时，他就会在组织的保护下逐渐失去冒险和承担责任的欲望，他生怕失去这个靠山，因为这会让自己独自承受生活的艰辛，会像一片羽毛漂泊不定。他习惯了每月固定时间领薪水，对创业的风险——收入不固定甚至破产倒闭欠债等充满恐惧。于是，他就以这个组织的标准来规范自己，掩饰他的个性，牺牲他的爱好，主动消灭自己的个性。

所以我们看到，穷人最大的理想往往是找一个稳定的工作，哪怕工资不高，只要稳定就可以了。毕业之后可以在一个稳定的机构中不淋雨不受寒地工作几十年，那简直是美妙得不能再美妙的人生梦想了。当你要跟他谈些创业或者改变命运的想法时，他会说：“啊，我当然渴望了，但是，会有这样的好事吗？”

没错，他的内心深深地渴望发财，拥有巨大的名声，实现人生理想，但他唯一寄予希望的办法是：出现一个奇迹帮助自己！

我一直认为，这一种群体性意识，正是富人们所盼望的。穷人这样想，正是上了富人的当。在渴望奇迹的自卑过程中，穷人牺牲了激情，消耗掉了时光，只能等待白头落日。那么多人空怀壮志却一事无成，就因为他们战胜不了潜意识中的自卑心，无法与“奇迹”说再见。

穷人为什么会产生严重的自卑感？

首先从心理学的角度看，环境的态度至关重要。个体对于自己的认识，往往与外部环境对于他的态度和评价关系紧密。比如一个人的书法本来是很不错的，但如果所有的他能接触到的书法家和这方面的鉴赏家联合起来，都一致地对他的作品进行否定的评价，打击了他的自信，那就极有可能让他对自己的书法能力产生严重的怀疑，从而自卑的意识就萌发了，甚至他会陷入到一种自我否定的怪圈中——他写得越多，自信心就越少。结果就是，在他看来，自己完全没有书法创作的天赋，写出来的都是垃圾，丑陋极了，没法见人。他收起了纸，毁掉了笔，以后再也不写书法了。

任何不良的环境都容易使人产生自卑，只有良好的环境才能消除这种意识——同时这是长期的过程，非一朝一夕可以达成。处在一个宽容和鼓励的环境中，哪怕一个有生理和心理缺陷的人，他也能在积极鼓励的氛围中，建立起超强的自信，发挥出自己最大的潜能。

其次跟人们对于阶层身份的敏感有关。生活中我们会发现这样的一个反差：当穷人面对和自己一样穷困的人时，对于他们的同类，他们一般能够保持比较平和的心态，在这些人中间，他能说会道，而且敢于表达自己内心的真实想法。他这时是一个比较正常的人，各方面都显得较为积极和健康；但是到了富人的面前，进入了富人的圈子，他们就突然变了，说话没有了平时的底气，做事也没有了往日的那份淡定。他的自信没有了，取而代之的是对富人唯唯诺诺，亦步亦趋，失去了主见。他们不由自主地屈服于富人庞大的财富和气势之下，不自觉地向身边的富人靠拢，被富人的态度所左右，视自己的想法为错误的，时时刻刻怀疑自己的能力。

最后，穷人因为自卑心理作祟，他们想发财，但又觉得自己能力不行，没有赚钱的途径，所以就常常地把希望寄托在发横财。就算他们中的极少数人真的抓住了机会，赚到了巨额财富，也不会因此使自己变成心态上的富人。

土耳其有一名擦鞋匠，他在十五年前曾经是土耳其这个国家的某个机构评出的“最有钱的幸运者”，他意外地获得了全国“新年特奖”，足足有250万美元。对于接下来的故事情节，你听起来可能非常耳熟，这个老头什么都没干，就获得了一笔飞来横财，人生自然是春风得意，终日生活在亲戚朋友的簇拥下，挥金如土。不久，他又意外地“邂逅”了一位美貌年轻女子，两人随后结成连理。

我们不用再讲了，结局你想必已经猜到了：他失去了一切！如果再刻薄一点，你还可以再加上一个细节——十五年前他坐在路边擦鞋，十五年后，他仍然坐在路边擦鞋，他的命运没有发生任何的变化。

这位擦鞋匠的故事，为我们充分勾画出了“奇迹的不可能性”。

其一，他一辈子没有见到过这么多的钱，通过正常渠道获得这些财富，对他是无法想象的，突然之间一笔巨款到了自己的手上，他当然觉得是一笔天文数字，如此巨大的财产会有用完的一天吗？

以他平时在消费时形成的思维习惯，是不可能的，并且这也是他来不及想到的问题。所以，他放心大胆地使用，不给自己留一点后路。他不会制订一份财富的管理计划，更不会考虑如何用这笔钱去赚更多钱的问题！

其二，对他来说，这是意外之财，就等于是在路上白白地捡来的，用了不心痛，不用白不用！这是穷人普遍的心态，他们一旦成了上帝的宠儿，突然有了一笔钱，往往是不加节制地挥霍。对暴发户而言通常如此，他们不珍惜手中的钱，到处消费，疯狂购物炫富。过几年你再看，他还是一无所有。对这种不把钱当钱的心理，拥有再多的财富，也经不住长时间的坐吃山空，总有吃完的那一天。

强者创造机会，弱者才盼望奇迹。

我在中国东部沿海的古镇，每日受着贫困生活的煎熬时，曾经无时无刻不想碰上一桩天大的美事，让我发一笔横财。我希望有一个奇迹可以从天而降，改变我的命运。比如，有人半夜给我打电话，让我买哪只股票；我突然遇到了一位贵人，他张开金口，愿意借给我几千万给我做创业基金……

有段日子我为诸如此类的白日梦而痴狂，但是突然有一天，我的梦醒了。我意识到自己在犯一个巨大的错误，而且很多人和我一样在幻想着生活因这种方式发生改变。

奇迹就像马儿的“夜草”，穷人希望得到夜草，让自己肥起来。他们很容易受到这种观念的影响，因为他自卑甚至绝望，潜意识就极易走火入魔，将那些自己看到的短时间暴富的非正常事例，作为正当和普遍的现象投射到自己的身上，希望自己也能成为幸运儿中的一名。可是，几十年白白地过去，他也看不到这一天的实现。

解剖自我：寻找阶层出口

表面上看，人类社会之所以出现阶层和贫富之分，是因为穷人缺乏资金。没有钱作为成本，就没办法做生意，投资赚钱。每月领那点薪水够干什么的呢？人们这样想。听起来是对的，但本质上，是他们缺乏野心和改变命运的强大动力。他们的脑子也缺乏观念，意识不到应该采取什么办法，走哪条路。对于突破阶层之墙的机会缺乏了解。他们的骨子里也缺乏勇气。当需要改变时，他又缺乏行动，没有足够的毅力。

最根本的症结是，他们不喜欢解剖自我，总是避免谈及自己的缺点。在很多方面，穷人都需要拿起一面镜子，好好地审视自我。告诉自己，不要以为有了一个点子就可以去创业了。你晃晃脑袋能想到的事情，别人通常也能够用这种方式想到。而且，你想到的未必就是一个正确的思路。你需要的不仅是一份切实可行的计划，一种坚定的执行力，还有强大的信念和坚持。当然，我们唯一确定必须做的一件事，是你马上停下来，运用自己的潜意识，检查自身的全部问题。

对自我的认知

真实的“自我”是什么？它的渴求是什么？我在这里谈到的是内心的冲动。穷人很少想过到底如何去赚钱和如何才能赚到钱，他对未来没什么强烈的动机，他认为自己一辈子就该这样，不相信将来会有什么改变。他的自我意识是闭缩和接受现实的状态，天塌地陷也不会打击到他，因为他认为所有的苦难和挫折都是他应得的。

可是富人不一样，在富人的内心，他深信自己生下来不是要做穷人，而是要做富人的。他的潜意识里有着强烈的赚钱的欲望，自我意识极其强大，想尽一切办法让自己主宰命运。

对于休闲和时间的态度

休闲的时间，穷人大多去找朋友或哥们打牌，陪女朋友逛街，或待在家里看电视。他们为了一部肥皂剧的冗长剧情感动得在沙发上痛哭流涕，有时他还要仿照电视里的时尚装扮和偶像的习惯来武装自己——为此不惜花去大部分的积蓄，意识不到这些时间完全可以拿来做更重要的事。一个充分享受闲暇时间的人根本不可能赚到大钱。穷人常认为时间非常不值钱，在多余的时间内他不知该干什么，只能打牌，玩，虚度光阴。

富人对待休闲的态度是工作。老板在自己的员工过双休时，仍然在外面跑市场，即使在打高尔夫球的时候也不忘带上项目的意向合同，利用一切机会去促成事业的进步。他们在时尚方面的态度是务实而谨慎的，很少借用名牌服装和昂贵的手表、跑车来炫耀自己。富人认为时间非常宝贵，他们哪怕在休闲和娱乐的时候，也常以工作为主要目的。

对人际关系圈的策略

在人际关系方面，我们要反省的更多。你平时走动最多的是什么人呢？是亲戚、朋友还是一些商业人士？穷人有一个特点，他们喜欢走穷亲戚，自己的圈子里也大多是穷人，这很致命，需要他扩大交际圈，增加有质量的人脉，但他却排斥与富人进行交往。他在自己的圈子里每天讨论怎样才能节俭省钱，而不是如何赚钱。他的潜意识将主要精力都放在这上面，从而使他根本不可能发现赚钱的良机，因为他注意力的能量都在怎样节约开支上，他的意识处在一种守财奴的状态。

富人的特点则是，他们永远不满足于既得的人际关系网，只将重点放在那些重要客户和人脉的身上，自信地结交更高阶层的关系，探讨赚钱的话题并分析机会。在他的潜意识的世界里，怎样赚钱是关注的焦点。

学习的方向和知识储备的类型

一个人能力再强也要充电学习，补充知识和技能。于是，穷人忙着去学手艺，增强自己“给人打工的资本”；富人则忙着学习管理，提升自己管理穷人为自己赚钱的本事。

归属感和信仰的建立

穷人有很强的归属感，他认为自己出身卑微，缺少安全感，只能从属于某个团体。他没有信仰，唯一的追求是养家糊口，这是他人生的最大价值——与其说这是一种价值观，不如说是最低的生活标准。

富人则常将创造一个团队作为自己的理想，他们通常是组织者和领导者。他的信仰不单单是赚钱，还有实现自己在某一领域的想法。他们不仅以追求物质财富为目标，在精神世界也有着高尚的与名利无关的追求。

投资的态度以及如何对待财富

穷人在理财方面的观点一般是“少用就等于多赚”，节俭重于一切，赚多赚少不重要，关键是少花，一定得少花，看见丈夫或妻子多花了一分钱，他（她）就大嚷大叫，好像天塌了，但对于这个月自己除工资之外毫无开源的事实却很漠然无视。即使他有了钱，也根本舍不得拿出来，即使他终于下定了决心去投资，也不愿意冒任何风险。绕来绕去，最终还是走不出关键的那一步。而富人则通常持有相反的想法，他不相信一本万利的奇迹，而是更重视科学管理和必要的成本付出。该花的钱，他一分都不会省；该冒的险，他也从不犹豫。

有没有激情：这是做成事的重要基础

穷人对于人生没有什么激情——追看一部电视剧的激情除外。他总是在沿守昨天的习惯，对工作和生活按部就班，保证自己不出大错，但他也绝对没有意愿做到最好。没有激情就无法让人兴奋，就不可能全心全意地去追求更高的目标。对大部分的穷人来说，有时我们也不能说他们没有“激情”，只不过，他们太多的精力都耗在了没有意义的事情上面。他有的只是暂时的情绪，做事的激情无法持久，经常三分钟热度，朝三暮四，三天打鱼两天晒网。

与此相反的是另一些人，他们深信只要有激情，再穷的人也能变成富人。他们的激情是一种天性，是他强大的生命力的象征，有了激情，内心才会源源不断地产生灵感的火花，从而让自己拥有解决各种问题的魄力和方法。遇到困难时，这种高涨和坚韧的热情，能让他无畏挑战，坚持到最后，不会半途而废，更不会稍遇挫折就败下阵来。

自信：并非一定要强烈地表现出来

自信是潜意识很重要的领域，也是打破阶层之墙的强有力的武器。穷人没有自信吗？有！但他们表达自信的方式太过肤浅，比如很多人明明没钱，却到处吹牛自己钱很多；有些人月薪只有两千元，却借债购买名牌衣服包装自己。他们觉得这就是自信，实质上却是虚荣。他们的“自信”不是发自内心和浑然天成的，而是给外人看的。他们的心灵在本质上非常虚弱。

自信在富人那里，则表现为一种内在的力量。“不以物喜，不以己悲。”春风得意之时，不会被好形势迷昏了头脑；生意惨淡、人生灰暗之时，也不会过度地悲观，他深信自己可以摆平这些挫折。他的自信不会被外力左右，而是出自于他内心的一种积极的能量。

工作：每天只是忙于工作的人一定当不了富翁

在我看来，整天忙着工作的人，他是没有时间赚钱的。听起来这是奇怪的观点，可这是事实。一个人如果赚得比你多出了十倍，而他在工作上花的时间又并不比你多，那么他一定是做出了与你大不相同的事。你要去探查他成功的原因，而不是抓住一些表面现象去模仿。当工作狂是没有出路的，除非你能保证自己一小时的工作效率是别人的十倍甚至几十倍——这样做的后果往往是累垮自己。

这恰恰是穷人与富人最大的差距。穷人除了工作，没有思考，也就没有心灵的自由。他每天过分地忙碌于应付生活所需，没有办法停下来思索怎样才能解决他们正在面临的金钱问题。他的潜意识被处理不完的工作绑架了，大多数人甚至无法拿出一个小时的时间来冷静地想一想他到底应该如何致富，以及自己为何从来不这么做，为何仍然在奔波中失掉时间。富人则在这方面拥有充裕的时间，他们从不认为工作是第一位的。

对此，我的建议是，你现在就可以拿出十分钟的时间，写下自己想要得到的金钱的数额，以及需要给自己多少时间去赚到这笔钱。确立计划，并动用强大的潜意识有效地去分配和管理时间。这就是成功者致富的秘密。

第二章

“梦想”的陷阱

“梦想”的第一份礼物是骗局

当谈到理想和成功的关系，以及人们为了改变命运而制订的一些需要投入巨大赌注的计划时，情况通常是这样的：在消费的时候，人们可能会受到节俭的约束；但为赚钱而花钱的时候，人们常常表现得格外慷慨。

你可能已经听说过早些年，有一个非常著名的“庞氏骗局”——这就是利用人们投资赚钱的欲望而进行骗钱的一种经典骗局——一个聪明人对另一些“聪明人”的欺骗。他们会编造和设计某些披着漂亮外衣实质子虚乌有的虚假项目，许诺你会得到高额的利润回报，来吸引你拿钱投资，然后把你新投资的钱作为“赢利”付给那些最初投资的人，不断诱骗更多的傻瓜上当。这是一种拿后进者的钱分给前进者的一种倒钱游戏。

庞齐就是这么干的，由于前期进行投资的人得到的回报十分丰厚——这是肯定的，因为跟进的人很多。第一批上当的人得到的

第一批回报是第二和第三批受害者投入的钱。所以，庞齐成功地在几个月内就吸引了超过33万投资者，最后经查明被骗到的金额高达1500万美元。当然，这个金字塔骗局只是持续了一年的时间，之后不久，因为庞齐的资金链中断了，无法“分红”了，这时那些被赚钱的欲望冲昏头脑的人们才算清醒过来了。

他们纷纷惊呼：“真是一个大骗子！”可是，到底是谁骗了他们呢，是庞齐吗？不是的，是他们自己内心的欲望。他们在受骗之前，已经为自己设定了一个“我一定要赚钱”而且是“我一定可以赚钱”的梦想：他们的梦想欺骗了自己。

正是因为人们无法抑止的赚钱冲动和经常为此萌发的不切实际的梦想，此后在全球的各个国家，利用人性的弱点，以非正常的短期且高额的回报来骗取投资者加入的“庞氏骗局”就再也没有中断过。比如我们后来已经知道的，“快速赚钱的”连环信骗局、彩票骗局、中奖骗局、政府债券骗局、造林骗局、神药骗局、《第二人生》虚拟银行骗局，直到那个我们都听说过的最新版本的总额高达500亿美元、长达二十年的“伯纳德·麦道夫骗局”。

凶手并不是实施计划的这些人，而是受害者的潜意识。因为很想发财，且希望用一种稳固快速的方式让自己成为百万乃至亿万富翁，所以他们相信世界上一定存在着某种捷径。他们管这叫做奇迹或梦想。他们的潜意识相信这一梦想切实存在——当潜意识选择了相信时，骗局就发生了。因为他深信不疑，并集中了全部的力量去说服自己的大脑做这件事：让自己受骗。

我们的梦想有时不过是一个包装漂亮的陷阱。

这表明梦想并不一定是伟大的，因为有太多的人，他们的工作态度在本质上是一种“骑驴找马”的状态。他们对工作不满意，基于种种的原因，对目前自己正从事的职业，心怀厌恶，大多是由于带来的回报太少，不符合内心的期望。恰巧，这些人又都心怀梦想，有一个“我不管怎样早晚都要从事的梦想职业”来为自己赚很多的钱。可不幸的是，很多人正是因为如此，才最终沦落为了无所作为的平庸之辈。他们为自己设定的梦想，不过是一个包装漂亮的陷阱，不是被人利用了，就是走到最后才发现自己走进了死胡同，白白浪费了十几年的光阴。

例外总是有的，比如某些人制定的梦想目标，虽然成功概率很低，但他几经辛苦，以超强的毅力创造了奇迹。可是，这种例外太少了，几乎不能对整体的统计数据中发生任何影响。这就像一碗香喷喷的米饭倒进了大海，能起到什么作用呢？

梦想漂亮，可现实是残酷的。这表明了两个问题：

第一，我们有时太过于相信“心想即事成”。潜意识的力量是很强大的，但它成功发生作用的前提是它必须理性地基于现实作出分析，给予我们的大脑一个切实可行的步骤。如果没有客观的分析和经验的判断，只凭一腔热血和强烈的渴望生产出来的“梦想”，很可能只是皇帝的新衣。

第二，对于能力的积累，多数人虽然在做，但内心并不重视。他们的潜意识没有在这方面进行集中关注，而是企图去依靠天分、奇迹或贵人的相助（像那些陷入庞氏骗局的人）。

人的能力主要靠积累经验和学习知识获得，只有通过长时间的积累，我们的能力才可以发生质变。人们开始从事一个职业的那一刻，只要他足够认真和努力，那么他的能力就可以不停地积累，最后帮助自己实现某种跨越：升职，涨薪，或改变自己的阶层，比如从普通员工逐级晋升，进入管理层，或者凭借丰富的工作经验，融资创业，当上了老板。

但如果是另一种情况呢？这个人虽然也在积累能力，可他实际上向往的是另外一个职业，另外一种生活方式，那么他的所谓梦想几乎必然使他在当前这份职业上心不在焉，“积累”将是白白浪费时间。他对这个工作缺乏兴趣，只相信天分——他很可能觉得自己的天分适合去赚快钱，不用如此辛苦经年累月地工作。在这个过程中，他的心态就发生了变化。在工作中，他逐渐失去了兴致，变得麻木。一天当中，80%的时间他都在思考和工作无关的事。他在职业竞争中越来越落后，但又不思反悔，认识不到真正的原因。这样的时候，此人并不会因为自己的落后而奋起直追，反过来，更可能的是把“反正我的梦想不是这个”当做借口。在他的潜意识中，开始为自己编织一些新的“梦想”，符合他内心期待的计划，然后机会一到，他就会狂热地去实施，要么闯过独木桥，成为幸运儿，要么死得很惨。

无论对谁来讲，想进入自己梦想的职业、穿上漂亮的衣服成为梦想的实现者，都是成本高昂的——少数运气好的人除外——那些相对而言更依赖天分和运气的行业更是如此。梦想不但是漂亮的衣服，还是一种残酷的考验综合素质的竞争游戏。一般来讲，大部分人在追逐新衣的路上都死掉了，有的成为骗子的美味，有的成为失败的炮灰，还有不少最终发现自己的能力不足以胜任这样的构想。一晃几年过去之后，他们在所谓“梦想职业”中的职业经验的积累依然等于零。他空有梦想，除此之外，什么都没有得到。

我们心怀“梦想”的时间越长，它的沉没成本也就越高。最终，很多人都在无意之间被自己的“梦想”所绑架。

另外一种更常见的事实是，在他为了错误的梦想拼搏的这些年，他原来的同事们靠着强大的意志力和专注的精神，已经在他原先的行业内积累了更丰富的经验，磨炼出了他现在依然在圈子的外面根本不可想象的各种实际的工作能力。就算有一天，他有足够的“运气”毫发未损地回来，仍然能回到出发点，校正理想的目标，准备努力工作，很可能发现更可怕的一个结果：“我变得毫无竞争力了，一无所有，一切清零，只能从头再来。”

因此，我常常在潜能训练的时候对参与者讲：“不要认为梦想非常重要，在很多时候，对很多人而言，他所谓的梦想也许只不过是一个正等他跳进去的陷阱。”因为许多年来，我已经见过身边的不少人，在亢奋的情绪包围中，被他们一直珍爱的梦想毁掉了人生。

这是因为，他们的“梦想”不具备可行性，没有针对自己的特点和能力进行现实的设计。陷阱通常是自己挖下的，这是潜意识不为人知的一面，今天你必须格外清楚，防范自己受到狂热的潜意识冲动机制的“绑架”。当它疯狂地向往和投射某些想象的画面时，你得拿出足够的勇气对它说“不”。方向盘应该由你的理性头脑紧紧抓住，让潜能战车稳稳前行，每一步都走得坚实可靠，你才可能赢——因为你输不起。

绝大多数人都在做不可能的事

有一个准备创业的人自信满满地对我说：“我要成为一名富人，这将很快得以实现。我拥了富人的心态，因为在富人看来没有不可能的事情，很多人不敢去尝试自己的创业计划，不敢大胆和果断地投资，不敢做这做那……这帮人什么都不敢做，像一个个缩头乌龟，是因为他们觉得这些事自己根本不可能做成。而在我看来，在那些成功的富人的眼里，没有什么事是不可能做到的，他们对自己的能力充满了信心。所以，我相信我也能成功，因为我已经具备了富人的信心，我什么都能够做成，只要我肯努力，我肯付出，我会利用一切时间去高效率地做成这件事！”

他非常自信，这当然是难得的优点，每个人都需要自信。的确，把“不可能”这三个字从潜意识中去掉，你就成功了一半。成功学大师拿破仑·希尔不就是这样干的吗？他把字典里的“不可能”这个词给删掉了，从此他就拥有了一本没有“不可能”的字典，而他也成为了一名成功学大师。可是，还有另一半呢？只有一半的成功仍然不是成功，就像你建造了一半的船仍然不能出海。现实的世界与书本上的励志天堂有着本质的不同，如果你相信书本，轻易而简单地给自己的潜能量定性（过于乐观和盲目），你就大错特错了。

我只是问他几个简单的问题，他就冷静了下来，不再头脑发热地向我兜售他的计划。

“你的资金来源在哪儿？”

答：“我可以借钱。”

“你准备借多少，谁会借给你？”

答：“100万，找亲戚。”

“在你的亲戚当中，有这样的人吗？我是说，就算他有这么多钱，但你能说服他借给你吗？”

他想了想，诚实地说：“没有。但我可以去找银行。”

“你拿什么抵押？”

答："我无房无车，可我能制订一份数据翔实、说服力强的商业策划案和市场分析报告。"

"中国的银行会相信吗？"

他听到这里，不再继续说话。他的脸色沉静下来，布满了乌云。他陷入了沉思，眼神有些失落。因为他给自己送了一份"大礼"，这是一个不可能完成的计划，在他所处的环境中。他没有客观考虑现实条件，而且这些都是最基本的要素，就试图冲破障碍。其实，我想告诉他的，并非是"不可能的事情不要做"，而是让他懂得：先使自己拥有聪慧的眼光，去找到那些可能实现的事情，然后再行动。

你要知道，在"没有不可能"这句话的前面，还有另一个词：眼光。

在美国商界，有一句流传很久的箴言："愚者只赚今天，智者才赚明天。"没有眼光你只能赢得今天，动动嘴皮子，展示一下你的伟大计划，然后就是句号；只有聪明而富有眼光的人，他们才有可见的未来。如果你是一名商人，你就会懂得这个道理。眼光不同，境界不同，得到的结果也就不同。你可以看看那些在福布斯排行榜上名列前茅的富翁，他们中有哪一个不是用自己的眼光而只是冲劲来赚钱的呢？他们不会去做不可能的事情，如果没有经过缜密的分析。他们在做事之前，都先观察。确定可以做了，他们才会立刻行动，采取一切手段，迅速前进，敢为人先，这才是赢家的大秘密！

在我们每个人的身边，并不缺少财富和机会，而是缺少可以准确地发现财富的眼光。眼光就像潜能量的瞄准器，它告诉你应该将全部的力量集中到哪个方向，通知你靶心在什么地方，距离你有多远。我们来看看一个名字叫做黄志明的中国人的例子，这对我们来说有着可参考的榜样性。他是如何利用自己长远的眼光在创业的路上大获成功的，他的故事将让你明白如何将不可能变成可能。

黄志明是一名土生土长的长沙人。在学生时代，每逢星期天，他就会在市场上卖小菜为自己赚点零花钱。后来，他开起了一家傅家湾粮油贸易站，将毛油精炼加工后再返销，奔波于各个粮站、米厂、食堂、办事处等单位之间进货与推销。他的奔跑没有白费——赚了十几万元的第一桶金。在办粮油贸易站获得成功的同时，他也看到了国家当时的悄然变化：百姓手中的布票、油票和粮票被渐渐取消，市场经济的苗头已经凸显。对他触动极大的是：长沙开始有了较大的变化，不少近郊都变成城区，住在那里的同学朋友都从农宅搬进了高楼里。黄志明回忆说："当时的判断就是土地要升值，而且会翻番地升！"

1993年，黄志明终于开办了属于自己的志发公司。不久，他如愿以偿地得到了面积为4亩1分的土地。1995年，他又果断地建起了公司大楼。20世纪90年代前期，全国的地产业都处于最低谷，黄志明却毅然决然地投身其中，先后买下了处于荒郊野外的两家濒临倒闭的工厂，开始了他进军地产业的征程。回忆起这次开拓，他说："大家都在做商品生产时，我就做地产。反之亦然。我的思路是做生意不能随大流，要有自己的想法才行。"

在中国有一句名言叫做"世上无难事，只怕有心人"。没有困难的事，但你需要有"心"。"心"是什么？不是欲望，也不是目标，而是缜密的分析和清醒的头脑。不知道有多少人误解了这句话的意思，认为只要有想法就可以做成一些事，他们觉得这个世界上没有我们做不到的事，做事太简单了，他们叫嚷着，目空一切，在他们看来再难做的事情遇到了他这样的有心人，也会变成一件轻而易举的事。于是他们源源不断地犯下错误，在解决难事的过程中遇到更多的难事，直到无所适从。他们认定了"有心人不怕难事"，做人和创业都是如此，只要创业者真心地想去成就自己的一番事业，真心地想做成一桩大生意，他就一定能够取得成功。然后他的自信心爆棚，潜意识不受限制膨胀，结果就是到处都充满了赔钱的人，他们被自己的冲动和欲望打击得一败涂地。

美国的著名影视明星史泰龙没有成名之前，为了在好莱坞找到主演一个角色的机会，遭到1000多次拒绝。在他一共遭到

1300多次拒绝后的一天，一个曾拒绝过他20多次的导演终于答应给他一个当男主角的机会，答应让他演一集电视看看。史泰龙不敢有丝毫懈怠，全身心投入，他主演的电视剧创下了当时全美最高收视纪录——他由此进入影视界，成为一个享誉世界的影视明星。

想一下就一定能成为大明星吗？史泰龙的经历告诉你不是这样的。如果史泰龙在当初只是以为靠“想”一下就能成功，在茶余饭后做一做他的明星梦，然后让自己高兴一下，让亲戚朋友消遣一下，他就绝不会有今天的成就。

因为如果只是靠内心的想象，他就不会有所付出，也不会拼命地用行动证明自己。他的经历再次告诉我们：这个世界上没有什么做不成的事，但却有做不成事的人。做不成事的人为什么会失败？因为他们有一个很顽固的共同点：盲目地相信奇迹，他们只是梦想的奴隶，没有分析和掌控梦想的能力。有些人，他们甚至一做梦就快乐，但一行动就痛苦。

当然，还有另一句名言是汽车大王亨利·福特讲过的：“我不相信世界上有做不成的事。”许多人都深深记住了这句话，却忽视了这句话实现的前提，是建立在他做了正确的事上。明白应该如何去做，只要有可能做成，就一定会做成。

这位被称为新工业之父的大富豪亨利·福特先生，他年轻时曾经在一家电灯公司当一名普通的工人。有一天他突发奇想，产生了要设计一种新型的汽车引擎的想法，他把这个想法告诉了自己的妻子。于是他的妻子鼓励他说："天下无难事，你就试试吧！"妻子还把家里的旧棚子腾出来，供他使用。福特每天下班回到家里，就钻进旧棚子做引擎的研究工作。冬天旧棚子里很冷，他的手都冻紫了，浑身冷得发抖，但他还是坚定自己的信念。

亨利·福特在那个旧棚子里苦苦地努力了三年的时间，他的异想天开的稀奇东西终于问世了。后来，亨利·福特决定制造著名的V8型汽车时，他要求工程师们在一个引擎上铸造八个完整的汽缸。工程师们听了都直摇头说："这不可能。"福特命令道："谁不想干，就马上给我走人。"工程师们谁都不愿失业，只好照着亨利·福特的命令去做。因为他们一直认为这是一件不可能的事，所以谁都没有把全部的精力投入工作中，谁也不相信他们会成功。六个月过去了，研究毫无进展。

亨利·福特决定另外挑选几个对研制V8型汽车有信心的人去完成，他坚信人一旦有了稳操胜券的心理，并能为这一目标不懈努力就有成功的希望。最终，新挑选的几个工程师经过反复研究，终于找到了制造V8型汽车的关键技术，实现了在一个引擎上铸造八个完整的汽缸的想法。

我们可以来分析，究竟是什么力量使他的V8型汽车从无到有地开发设计出来呢？一个不可能的设想，最终变成了现实！有人说这是人的心理的无形力量，是潜意识创造的奇迹。但在我看来，真正的事实并非如此，虽然人内心的意志力的确很重要。福特赢在他的眼光上，发现正确梦想的超人的眼光，以及在此之后执著的实干精神。眼光和意志力两者结合，才领导和管理设计师们发挥了他们的创新意识。

英国前首相丘吉尔说过一句话："一个人若是真的想成功，整个世界都会为他让路。"在这里，我给他改成："一个人只有发现了通往成功之路，整个世界才会为他让路。"未经修改的，前一句只会害人，首先会欺骗我们的潜意识，其次会蒙昧我们的人生并让我们为之付出惨痛的代价。

想实现"不可能"，你就必须战胜内心的冲动。

卡耐基曾经说过一句话："我们所急需的人才，并不是那些有多么高贵的血统或者多么高学历的家伙，而是那些有着钢铁般坚定意志、勇于向工作中的'不可能'挑战的人。"

不知有多少人对这句话奉若圣经？但我告诉你，如果你相信了这句话，你将会陷入进退两难的境地。你会先误导潜意识的思维模式和能量释放的方向，然后误导自己的一生。当然，苦干是必需的，任何成功者都有苦干的经历，这是必不可少的一项要素，但却非他们成功唯一的原因。因为一个优秀的领导者、成功者和富有的企业家，他们往往不是组织中最苦干和意志力最强的人，而是最了解行业规则、最善于衡量得失和控制冲动的人。他们懂得在“不可能”之前对自己说“不”，以免付出不必要的代价。

努力将属于自己分内的事尽可能做好，并把它做得漂亮，才是你现在应该做的。你当然可以有远大的抱负，也需要具备做一番大事的真知灼见，但你不能好高骛远，你首先得把属于自己的本职工作做好了。一屋不扫，何以扫天下？多么简单的道理，但却时常被人遗忘。在这些最基本的事情上，你可以做不到100分，但一定不能低于90分。否则，别人就有足够的借口来嘲笑你：“看，你自己的那点破事都干不好，还说什么呢，你还能干什么呢？”这就增强了你的“不可能”的心理定式，打击你的自信和坚持的力量。

平时我们在帮别人做事时，表现得十分明显。许多人明知自己根本没有能力办到这件事，却为了面子和内心的虚荣，硬说自己可以办成，去挑战“不可能”，企图证明自己的能力。结果无非是两种，要么拼死拼活你做成了，你得到了赢的运气；要么你不出意外地做不到，证明你真的不可能，在他人眼中留下非常坏的印象（还不如干脆拒绝），你的价值被降低——情况不但没有任何改善，反而更糟糕，因为人们对你产生了误解。

所以这是一个很基本的常识。当同事托你去办一件事的时候，当你的上司突然委托你去做某件事的时候，请你一定不要不假思索地就满口应承。你至少也要让自己冷静几分钟，在大脑中转一个圈子，考虑这件事自己你到底能不能办得到和办得好。你要把自己的能力与事情的难易程度以及客观条件是否具备结合起来统筹考虑，然后再作决定。

你在办事的时候一定要就事论事，杜绝潜意识中“假大空”的决定，对于那些让自己感到可能难以做到的事，要勇敢地鼓起勇气，说一声：“对不起，我实在是无能为力，您是否可以另找别人呢？”或者是：“实在很抱歉，我的水平太有限了，只能让您失望了。我想，如果我硬撑着答应，将来误了事，那才对不起您呢！”这样，你才是一个理性和明智的人。否则，将来丢脸的肯定是你自己。

因此，从现在开始学会控制你的潜意识的某种虚荣的冲动，告诉自己有很多事情就是“不可能”，让潜意识拥有敬畏的力量。这是你由穷变富、使心灵得以升华的关键。这会让你在处理事情的过程中学会冷静和拥有耐心。

不管对待任何事，你都必须全盘衡量，把握分寸，把各方面的利害关系协调好，在争取和保护我们自己的根本利益的同时，绝不能超出自己可以预测的能力范围。的确，拒绝别人的要求是件不容易的事，大家都有体会。而当别人央求你，你又不得不拒绝的话，更会让人非常头疼，因为每个人的潜意识都有对于自尊心的需求，每个人都希望自己能够得到别人的重视，同时我们也不希望别人不愉快，所以也就难以说出那些硬邦邦的拒绝之语了。

不过，当你经过了深思熟虑，知道答应这个要求就会对你带来不利时，你应该毫不犹豫和干脆地表示拒绝，不要为了一点所谓的面子就作出违心和后果严重的决定。这样的结果对于双方都无好处。把“不可能”关在意识的大门之外，充分提升自己的判断力，成为一个有眼光的人，只去做“可能”的事，不要想当然地认为自己什么都能做成，这才是聪明之举。

“我思即我得”的阶层悖论

在华盛顿举办的一次讲座中，我在白板上用黑笔写了下面的两段话：

> 如果我做了那件事，我一定能成功。
> 如果我不做那件事，我一定不成功。

然后我问台下的听众：“你们谁相信这句话确实存在于你的生活中？”

回答者众多，答案当然集中于我限定的“是”或“不是”。我从中挑选了两个相反的各有代表性的例子放在这里，分别来自于银行职员艾力斯和大型连锁超市的老板约克。他们代表了两个不同的阶层，一个是工薪族，另一个是企业家。

艾力斯充满遗憾地说：

“十年前，我从哈佛商学院毕业的时候，为自己设置了一个梦想，告诉自己我要成为全美最优秀的证券公司管理者。我和很多人讨论了我的构想，放弃了一个政府部门提供的岗位，去华尔街发展。我认为自己一定能成功，因为我不少同学后来实现了这一梦想。

可惜的是，父母不同意我的想法，他们觉得，这份梦想冒的风险似乎有点大，因为当时的股市的风险控制体系远没有今天这么完善。所以，他们坚持让我放弃，让我进入政府部门也就是今天这家国有银行，老老实实当一名坐在柜台后面每天敲打键盘的小职员。

这十年来，我每天看着那些成堆的钞票，它们都是富人存进来的。富人的这些钱在我的手里周转，存进提出，去做生意，投资房产、股票，经营企业，而我虽然每天经手巨额财富，却只能替他们数数而已。所以我认为成功的前提就是你要敢于想象，有些事你必须去做，做了就可以成功；如果不做，你可能就永远失去了机会。”

但是约克却否定了这两段话：

“我在十年前曾经为自己制定了同样的梦想：我要进入股市，在华尔街大展身手。当时我还是一个普通人，手里没多少钱。但我说做就做，马上行动了。我的父母很开明，尤其是我的父亲，他是一个好人，理解我也支持我。在父母的帮助下，我从亲戚和邻居那里借到了五十万美元。在当时，这是一笔不小的数目。我拿钱去投资了两只股票，开始了自己的创业之路。

“起初，我自信地认为，即便这两只股票不能赚钱，我只要坚持下去，也早晚能够像巴菲特那样选中可以长期持有的股票，进行长线投资。巴菲特可以成为大富翁，为什么我不能呢？我那时觉得只要坚持下去，就定有收获。但无情的现实击碎了我的想象，现实并不以我的渴望为基础，给我想要的东西。两年后，我‘输’光了所有的钱，欠了一屁股债。我只好去最辛苦的公司打工，到超市谋了一份薪水低的体力活，老老实实做了三年，结合自己的特点进行了能力方面的积累，才最终发现，原来我并不适合做一些投机类的工作，只适合在实业方面有所发展。我纠正了错误，稳健地工作，等到了成熟的机会，才有了今天的事业。”

艾力斯和约克是两个极端的例子。他们分别在起步阶段拥有一个“我思即我得”的梦想。不同的是，艾力斯没有去尝试，所以今天他还认为这是正确的。约克在尝试之后认为这是一个错误，他觉得只有适合自己的梦想才能实现，这也是任何计划得以执行的基础。

很显然，这就是穷人和富人的区别。穷人往往没机会兑现自己的承诺，而富人往往在错误的道路上尝试更多，并不断反思。他们不相信只要想一想就能实现一切。为什么会有这样差异呢？

穷人总是在期待“我的明天可以怎样怎样”，明天是他们心中最强大的“武器”，充满威力，因为想象成功对于他们来说总是非常美好的，而获得成功则不是今天要考虑的。他们做的最多的事情就是在失败中不停地“思”，认为今天的失败是自己昨天没有去做某件事，如果做了某件事，他早就成功了。但是富人的观点是，明天是变化莫测的，今天的设定不一定适合明天的变化。也就是说，今天的梦想只有在今天才有效，到了明天就不一定了。所以他们会在实践的道路上，不停地纠正和调整。他们认为万事没有注定，只有务实和高效，才能在忙碌中不断地创造成功！

我从前曾认识了一位先生，他在美国的一家国有机构工作，有着看似比较稳定的生活保障。但如你所料，他很快就对于国有机构在工作上的种种限制，总是不加以调整的呆板和僵化的作息时间，以及微薄糟糕的薪资水平越来越不满。他曾经想利用工作中已经学到的一些知识来做广告生意，但遗憾的是，他想了想，却没有去做。

十年后，他和我讨论广告行业时，不胜欷歔。因为我们当初几乎是同时开始想到这一领域的创业构想的。我经历了很多失败和挫折，一度想中途放弃，但最终凭借努力获得了成功。而他至今仍然在空想，一直在空想，十年来他没有为自己的理想做过一件事。吸引力法则并没有帮助他取得成功。他只是在想，可是没有任何行动。他不但想象不到成功的艰难，而且意识不到这里面有各种可能性的存在。

换句话说，穷人一方面对于自己的能力存在怀疑，另一方面又总是在低估成功的困难。他们认为只要去做就能成功，不做就只能蹲在原地，但真正开始做的时候，又很容易在很小的困难面前退缩，比如所谓的“父母的反对”。

穷人总是缺乏严格的自律，他们对于成功充满了不切实际的想象。

他们总是把取得成功后的情形想象得非常美好，专注于一个美丽的结果，但却从未想象过创业过程中的艰辛，对过程毫不在意，只是因为他们根本不会付诸行动。就像我讲到的艾力斯一样，他们喜欢以“明天还有时间”、“这是明天的事情”等说辞作为自己懒惰和逃避今天的借口，每当你问他：“嘿，小伙子，为什么不去做呢？”他就会说：“我还在构想和计划呢，明天再做也不迟啊。”

于是，当懒惰再次光临到他们的身上时，他们就只能期待另一个“明天”了。

富人则完全不同，他们时时刻刻都充满了毅力和意志力，成功后的美好是他们关注和渴望的，但并不是他们动力的源泉，他们更加关注行动中的细节以及需要制定的努力方向和防止出现的错误。就像约克一样，他们懂得修正自己的努力方式，总是以有效的“行动”来克制内心的懒惰，因而懒惰的坏分子也很少光顾他们的潜意识，左右他们的意志。只有这样的人，吸引力法则才会将好运降临给他，他的潜能量才能得到最大程度的释放。

请记住："我思即我得"只是空想主义，只有嘴上少说，努力实干才可以为你创造财富。

现实中，我们常有这样的感触。穷人（或我们自己）——我把所有不得志、不满于现在状态的人统称为"穷人"——心灵方面的穷困者，他们经常能够听到别人发财致富的故事，也看到周围有人在不断地成功，自己难免就心生羡慕，也摩拳擦掌，浮想联翩，试图甩开膀子大干一番，证明给别人看：我也是可以得到这些的。

但等到他们真正地干起来了，却远不是想象的那样潇洒和从容。他们不断地想，幻想着成功，可那些财富就像遍街的美女广告，看得见摸不着，只能养一养眼，让自己吞一吞口水而已，每天活在空无的虚幻之中。只有在构思梦想的时候，他才是"富有"的，除此之外他贫穷得一无所有。

当你开动自己的想象和渴望时，你会发现成为富人的机会确实很多，但并非你都能抓得住，因为每一个机会的实现，都有赖于做足大量的准备工作，和能够胜任复杂高深且充满风险的操作过程。大部分人并没有这方面的经验和心理准备，他所看到的和听到的表象，往往都是一个个美妙的直接的结果，如何实现的过程却被虚化和美化了。

这就像艾力斯相对于约克，前者并不理解和清楚后者成功过程的辛酸。所以当约克介绍自己的成功经验时，艾力斯一脸迷茫，这些经验无疑，跟他内心灿烂的想象是冲突的，他并不理解，他还是认为自己只要确立一个想法，然后每天祈祷，发动潜意识的企望的力量，就能成功。这样的人，在我看来就是走入了潜能训练的歧途。

通过大量调查和访问我发现，凡是这一类人，他们大多是夸大了对成功的想象，受到了不少励志骗局的误导。比如，他们从别人那里得到了一些充满泡沫的经验，看到和听到的是一种经过美化的奋斗的成果。比如他可能在书中或电视节目中听某一个富人这样说：

“我通过X年的努力拼搏（X小于等于10），固定资产已经达到了N亿元（N大于等于5）。”

他一听可能自己的眼珠子都快掉出来了，顿时对此佩服得五体投地。他会想：呀，原来变成有钱人，是如此简单，几年的时间，就能从零变成几亿元。他的自信心爆棚，于是认为自己之所以是穷人，是由于自己没有像他那样去想，去做。可事实是什么呢？事实可能是这位富人的几亿元全是银行贷款，准确地说他现在应该是负债N亿元，正处于艰苦的创业阶段，还没有获得成功。但是这种错误的宣传，已经美化了成功的艰苦程度，很可能让观众觉得成功来得很容易，而自己的失败不过是没有像他那样去思考问题。

当他认为遍地都是机会，成功唾手可得，宏伟蓝图很容易实现的时候，他的命运就迈出了艰苦的第一步。他必定要承受许多意想不到的代价，才能真正懂得“富有”的秘密，成为一个理性的认识到了梦想与现实距离的人，才能学会聪明地去制订梦想，务实地走出自己的致富之路。

不切实际的幻想，往往很难产生切实可行的计划。

一个错误的梦想，归根结底它的计划也一定是错误的。当你开始执行时，你会发现难有阶段性的成果，完全不可能一步一步地顺利推进你的事业。时间愈久，你就愈看不到成功的希望。然后发生什么？你变得心态浮躁，见异思迁，东游西荡，最后一事无成。

没错，我在这里告诉你，“我思即我得”是一种阶层悖论。穷人往往对此深信不疑，但富人却不怎么迷信。这是许多人并不了解的阶层秘密，也正是富人并不想让穷人知道的一种潜意识谬论。

我们需要谨记的一个事实是，“我思”的基础是长期的思想准备，“我得”的前提是艰苦而充满风险的努力。这句话正确的说法，应该是“正确的思，艰苦的得”。首先方向正确，才能收获满意结果。否则，任凭你的梦想再怎么伟大，也如同一滩浅水，在这个社会中翻不起什么大浪。

你为什么输得一塌糊涂？

我们输掉一切有时并不是因为自己缺乏梦想——人们最不缺的往往就是梦想，而是因为我们缺乏足够坚强的自我判断力。他们的梦想并不坚固，虽然喊得震天响，但经不起几句别人的闲言碎语，经常盲目地听从他人的建议和受到其他观点的左右，从而错失最好的机会。

怎样判断机会是否恰当并控制自我决断力？李嘉诚曾经这样说："当一个新生事物出现，只有5%的人在知道后就赶快去做，这就是机会，做早了就是先机，别管它是什么行业，当有50%的人知道时，你做一个消费者就可以了，当超过50%时，你看都不用去看了。"没错，知道的人越少，这个机会就越好；相反，当大多数人都明白并且劝你也去干时，你就要严重地怀疑一下自己的这个梦想是否已经不合时宜。

一个可悲的事实是，大多数人并没有这么做，他们选择的是另一条路：像其他人那样去行动，直到输得一塌糊涂。

丘吉尔说过的一段话，至今让我印象深刻："每个人一生中都会有一次或多次他梦寐以求的机遇来临，但可悲的是，这一机会来临的时候，你发现自己没有能力抓住他。"

作为一个具有正常思维的人，当然谁都不会漠视他人对自己的评价，人们都渴望主见。每个人的潜意识都想主宰一切：我自己说了算，全世界都听我摆布才好。你是不是这样想的呢？我和你一样，也有这种欲望。但现实却远非内心所想，现实中我们经常面临复杂的情况。我们谨言慎行，就是不愿意授人以柄。很多时候，他人的议论，他人的说道，他人的观点，他人的态度都会对自己的心情和行为产生极大的影响。大多数人都成了一匹赛马或运动员，拉拉队员的喊声无疑会影响到自己的士气和做出选择。更多的情况下，别人的意见往往成了他自己行为的镜子，他总是在别人的目光中调校着自己的人生坐标。

所以，有些人即便拥有一个正确的梦想，也常常在最后输得一塌糊涂，因为他无法坚持自己的目标，不能作出正确的判断，常被他人的行为左右。

当你认准了目标，并且决心要实现这个目标时，你就不能太在意旁人的说法和看法。如果老是被别人的看法左右自己的行动，如果让自己总是活在别人的目光和嘴巴中，如果你的潜意识缺乏主见，就只能成为他人的意志的奴隶，一辈子匍匐在别人的脚下，你将永远一事无成。

你需要记住上面这段话，特别是当你有了比较新奇的想法，你为自己制订了正确的计划，要做别人没有做过的事情时。这时你最需要的是什么？不仅是怎样去做，还有如何顶住“舆论”的强大压力。

第一，勇往直前的精神；

第二，旁若无人的执著；

第三，不达目的誓不罢休的决心。

缺乏上面任何一项，你都到达不了梦想的彼岸。

对潜意识而言，如果一个人总是自以为是、刚愎自用，那是愚蠢。但是如果一个人总是唯唯诺诺、随波逐流，那就是窝囊。我们可以看看中外的历史，尤其当下的时代，无论经济人物还是政治领袖，大凡成功者和那些高阶人士，他们都有一个共同的特点：思维有主见，处事敢于决断。他们不会胆小怕事，更不会人云亦云，所以富人总是能赢，而穷人却总是输掉。

但是，我需要强调，遇事有主见，前提是你的思考要全面，需要建立在对客观事物正确的认识和判断的基础之上。不具备全面的思考能力，即便有主见，恐怕也只是错误的坚持。坚持正确的主见，是最难的。这要求你要努力将自己培养成一个有主见并且敢于坚持正确主见的人！

这个故事很常见，但很有代表性：一只掉进深井的狐狸，因为它想不出逃脱的方法，所以就像囚犯般地被拘禁在井底。此时，有一只山羊因为口渴而走到井边。当它看到井里的狐狸，就问狐狸井水的味道如何。狐狸以欢欣的态度掩饰自身悲惨的处境，极力夸赞水质甜美并鼓励山羊下到井底。山羊只顾及口渴，闻言便不假思索地往井里跳。

等到山羊解渴后，狐狸告诉它目前它们所共同面临之困境，并提议脱困的方法。狐狸说：“你把前脚放在墙上，头部低俯。我跳到你的背上，便可爬出这口井，然后再帮助你脱困。”

山羊接纳了狐狸的这个建议，狐狸立刻跃登山羊的背上，抓住山羊的两只角，稳步地爬到井口，然后拔腿就跑。山羊痛骂狐狸毁约，狐狸则转身大叫："老笨蛋！假如你的头脑能像你的胡须那样多，你就不会在摸清出路之前，就纵身往井里跳，也不会让自己置于无法逃脱的困境中！"

山羊的悲剧在于，它自己不进行独立思考，凡事按照别人的意见去办，最后只能自己品尝苦果。山羊的无能还在于，它就算进行了思考，也是错误的，所以它只能被利用，最后悲惨地饿死在井里。有时候，如果你采纳了别人的意见，别人会高兴，但是高兴的并不是你，你得到的只是一个苦果。如果你是一名管理者，或者你正在面对别人的建议，这个道理你一定要重视。一个毫无主见的人只能接受被人欺骗的命运，同理，一个容易轻信他人的家伙，也只能接受失败的苦果。

柯尔家的人都以画画为生，柯尔也非常希望自己能像家里人一样以画画为终生职业。但是柯尔没有主见。柯尔画完一张画，爸爸看看，撇撇嘴说："哦，这太僵硬了。"柯尔按照爸爸的意见修改。妈妈看完说："亲爱的，飘忽的东西没人爱看。"柯尔又采纳了妈妈提出的意见。可是哥哥说："上帝，这是什么？是块木头吗？"柯尔赶紧按哥哥的意见改，姐姐却说："天哪，这筒直是被染料弄脏的一张纸。”

你看，就这样，这个叫柯尔的人，他的时间都用在了修改自己的画上。他最终没能成为一名画家。他想讨好每一个人，却唯独不想做自己，失去了最宝贵的主见。

当我们总结这个故事时，我们只能得出一个结论：柯尔无法忠于自己。他有一个成为画家的梦想，他也有这方面的天赋，但他没有忠于这个梦想。他的潜意识是完全开放的，任何人都能进入它的驾驶室，握住方向盘行驶一段时间。主人缺位，潜意识没有为他自己服务，而是成了别人实验的工具。

一个人必须完全忠于自己，不能老是顾虑别人的想法，或者总是想要取悦他人。成功者最可贵的地方就在于他能够按自己的想法生活，做真正的自己。他会为了自己而行动，为自己的梦想而活；但失败者不同，穷人更不同，他们没办法独立思考，缺乏自信和主见，因此总是输得多，赢得少，无法获得真正的快乐。

在思考方面坚持自我判断和潜意识的独立性，并非让你不听劝告，一意孤行，而是说当你面临某种重要的抉择时，一定要保持清醒的头脑，不要人云亦云。你要作出自己的思考和判断，他人的建议只能作为次要的参考。就像投资时，如果你没有主见，盲目听从别人的话，跟随别人的投资行为，就很容易导致选择不适合自己的投资方式或投资产品。生活中的小事，没有主见也就算了，危害不大。但在投资领域，涉及到大笔的金钱时，你的损失将是致命的。

“你说，我是继续存银行，还是买股票呀？”

2008年5月份，拿着刚刚到期的定期储蓄存折，张女士满怀期望地询问小李。看到周围很多人都通过炒股赚了不少钱，张女士的心也蠢蠢欲动起来。

对股票一窍不通的张女士决定向小李求助，从开户到选股，全由小李做主。然而，看到小李帮自己选的股票价格连续五天下跌，张女士傻了眼。

场景转换到上海某都市报社。

“王老师，你看这行情，我是不是该割肉走人呢？”去年7月29日大跌以后，小崔急切地向自己的部门主任“咨询”。

“这个嘛，我看你暂时还是别动，先看看后市再说吧。”王老师给出模棱两可的态度。原来，在这之前十天左右，小崔是跟着王老师买的那只股票，但此时不知道是否该割肉，拿不定主意。

8月17日，看着那只股票一直跌，大盘也没有太大起色，小崔终于决定抛掉止损。她跟王主任说了一下，结果没想到王主任说，他在上周已经抛掉了。

“那你抛的时候怎么也不跟我说一声呢！”小崔感觉“很受伤”，如果主任那天跑的时候也叫上她，那么就能少损失几千块钱。

“那我也没办法说呀。我们资金量不同，操作风格不好一样的，而且我怕直接叫你抛掉，万一后来又涨了，你不是又要怨我了，所以不好给明确答复呀。”王主任也有些委屈。

如果一个人敢于去投资，但却在投资的过程中没有主见，那真的是一件很危险的事情。上面的案例中张女士和小崔的经历，几乎每天都在我们身边发生，许多人摔倒都是因为这个原因。

“听别人推荐”和“跟随大流”是人们在做出行动时非常普遍的两类现象。一方面，他们渴望赢，但另一方面，他们又不信任自己的独断力，潜意识中喜好听从别人的观点，尤其是“权威”的指引。这表明，潜意识具有某种思考的懒惰性，当有机会时，它会毫不犹豫地借用别人的想法，为自己的主人作出判断提供依据。

其中，更为常见的一种因素是，很多“新手”在我们身边。像一些年轻的大学生，处于创业初期阶段的人，以及其他缺乏经验的群体，他们尚未准备好就去行动，没有掌握基本的投资知识就急于开始投资，没有作充足的了解就介入某件事，想改变命运。在这种情况下，他们就对周围一些获得了较好收益的投资者、专业的证券机构、职场老人、上司以及成功企业家存在着强烈的“崇拜心理”。

这就导致了他们在进行决策时都出现了仅听别人推荐就作出相同选择，或者追随大多数人都采取的方法的情况。输家为什么这么多？正是由这样一个群体的庞大人数决定的。

第一个逃出“羊群”的人

我们首先需要明白什么是“羊群心理”。穷人大多是羊，富人则是牧羊人。这是阶层的本质，我们训练自己的潜意识，就是为了从根本的思维层面摆脱这种角色的分工。

从生理的角度来看，一只羊的视力是非常差的，它只能看到近处的东西，远一点的看不清楚，于是只好跟着它眼前能看到的另一只羊向前走，而眼前那只在引导它的羊，又只会跟着它前面的那一只走。结果你就发现，整群羊都似乎在走向同一个方向。这就是羊群效应。羊的心中当然是有一个“梦想”的，它并不想和这些与已类似的家伙待在一块，它想当头羊，甚至想改变命运，成为一个“牧羊人”。可悲剧在于，它看不到真正的方向，于是它的潜意识就发挥了本能：盯住离自己最近的家伙，跟着它走，就对了。

头羊往哪里走，后面的羊就跟着往哪里走，从而形成“穷人的羊群”。

在一些竞争非常激烈的行业内，这种现象得到了最直观的体现。尤其是这个行业内有一个领先者（领头羊）占据了主要的注意力，这只头羊是很成功的，向来走得无比正确，类似于股神巴菲特、马云、罗杰斯这一类人物。他们能起到什么效应呢？结果就是整个羊群会不断模仿着他们的一举一动，他们到哪里去“吃草”，人们就去哪里“淘金”。但实际上，他们并不是头羊，而是牧羊者。对这一点，羊群并不了解。

战胜羊群效应的武器，是控制内心的情绪。如果你不懂得情绪化判断的危害，你将还是羊群中的一员。对于情绪，我们可以这样解释：

比如一个投资者，他是一名股民。股民普遍有一种情绪，害怕赔钱，喜欢赚钱。所以在市场走低应该投资时，恐惧的情绪往往阻止他的行为，让他匆忙地撤退，因为对他刺激最大的是市场在走低，股价在下跌；等到市场节节攀升、应该出手获利的时候，贪婪又影响他做出正确的决定，因为这时渴望赚钱的情绪在左右他，他盼着股价继续上升，忽视了越来越大的下跌的可能性，更遗忘了风险。

股民大都无法控制情绪，因为他们投资的目的是赚钱，而不是经营。请注意，这两者之间的差别非常微妙、容易被忽视但却是成败的关键。只重视赚钱的人，往往最终他们的投资效益不会太好；将经营视为第一位的人，则经常因为可以控制情绪，抵制内心的恐惧和贪婪，获得比较好的结果。

于是，就有很多人跟随市场的主流声音作出他自己的投资选择。主流声音就是赚钱，而非经营。大多数人都缺乏远见，所以每个人都在从众和盲从，这种心理首先是出于对自己投资决定的不确定性和恐惧感。他们对于控制情绪缺乏能力，因此没办法跳出羊群，成为头羊或牧羊人。

但是真正的赢家，他们是不会从众的。他们既不会错过良机，也很少掉进陷阱。想跳出羊群，你就得成为这种人：重视信息的不对称，改变“近视”的本性，知道如何看得更远，而不是只能盯住离自己最近的人；拥有坚强的神经，不会受到他人的左右，而且要固执于内心正确的坚持。

被很多外界的信息和声音干扰，大多数人往往会失去应有的耐心，这主要跟潜意识的心理期望有关。

比如一些人（我们发现大多数人都是这样的），他们容易被外界的信息控制，因为他们的渴望太强烈，所以会不自觉地参照以往成功者的经验，崇拜权威，迷信成功者的经验。最佳的例子仍然是股民，他们在外界的信息和声音的干扰下，容易向那些成功的人靠拢。或者当大家都在“那么做”时，本来他正在“这么做”，也会抛弃自己的想法，去“那么做”。

我认识一个在股市中失败的人，他渴望投资一只股票能够迅速地实现翻番。这当然是一个不实际的期待。于是，他发现在自己已经投资的股票温温吞吞的时候，其他的股票却正在大涨。“别人在赚钱啊，我在干什么？我的选择是错误的，应该赶紧纠正错误。”

害怕错失良机的心理左右了他的潜意识，所以他赶紧扔掉手中的股票，去购买那些正在上涨的股票。但是结果呢？他更换了股票之后，看到的还是这番情景：别的股票在涨，自己持有的反而减缓了涨幅甚至开始了下跌。

吉姆·罗杰斯，一个从600美元入场在1400万美元退出的投资家；一个被股神巴菲特誉为对市场变化的掌握无人能及的趋势家。当然，他也是一个两度环游世界，一次骑车、一次开车的梦想家。

他是一个梦想家，同时又是一个能够跳出羊群思维的牧羊人。他说："我总是发现自己埋头苦读很有用处。如果我只按照自己所理解的行事，既容易又有利可图，而不是要别人告诉我该怎么做。"罗杰斯的投资理念就是寻找一些不被关注的股票："别人劝我不要买什么，我通常会毫不犹豫地购买，事实证明我的判断通常不会错。我可以保证，市场永远是错的。必须独立思考，必须抛开羊群心理，从里面跳出来。"

每个人应该有自己的思维方式和理念，当然，独立思考的前提是要建立在客观和深入研究的基础上。你会看到这个世界的大部分人都在随大流，而事实上却很少有人能依靠随大流发财。我的建议就是，不管市场如何波动，我们都应该根据自身的风险承受能力、财务状况，选择适合的创业之路，而不是在“羊群效应”的影响下盲目地追从并不适合自己的路线。

这是逃出羊群的必然选择，你必须这么做，别无他法。大部分人都在热衷于模仿领头羊的一举一动，把赚钱的希望寄托在“第一人”的身上，缺乏长远的战略眼光、冒险开拓的勇气以及独创意识。这是羊群形成的最主要的原因，你只有“背叛”他们，才有赢的希望和突破阶层界限的机会！

对你来说最适合的，应该是真正属于你的工作，而不是别人去做的事情。这就是我的忠告。最“热门”和大家都在做的事情，有时候不一定适合你。错误的从众，你越是努力，反而会导致越惨重的失败，让你付出更大的代价。处在羊群中的人，他们总是缺乏基本的判断力，其原因正是上面所讲到的，他们总是懒得思考，很少冷静地进行分析。

羊群们跟风的目的，本来是想避免风险，但结果却给自己带来了更多的风险。这是穷人的悲剧，也是阶层之分的必然。越害怕风险的人，恰恰使自己失去了独立思考的能力，从而杀死了自己的“梦想”。他们热烈地做着富裕之梦，但却一直前途未卜，始终在穷困的沼泽中挣扎，难以脱身。

第三章

破墙，最关键的第一步

“我想做什么”和“我能做什么”

人们会在每天早晨醒来的时刻感受到自己与其他人存在的巨大差距。当我一无所有的时候，我也处于这样的状态。我被闹钟惊醒，吃力地睁开双眼，想到自己家徒四壁，存款很少，事业不稳定，我想成功但是没有门路。

我想拥有自己的公司；

我想实现自己的梦想；

我想给最爱的人买一栋大屋。

……

我想做很多事，这是内心抑止不住的冲动。我的潜意识的力量被充分调动了起来，里面写满了欲望；我想做的事情很多，但是想来想去，最后都会归结到一个问题：

“我能做什么？”

“我想做什么”和“我能做什么”之间，存在着一堵墙。打破了这堵墙，你才能真正突破阶层的界限。前提是在两者之间找到定位。一个人能否实现自己的财富之梦，关键要看他能否在潜意识当中给自己一个非常准确的定位。在这方面，穷人常犯的错误是他们不敢相信自己，在定位方面产生根本性的错误。

他们总是喜欢和别人比较，让别人给自己定位——把命运的裁判权交到他人的手上。他们很信任地问你："告诉我，我能做什么？然后我就去做。"所以他们大部分都喜欢读励志书，读到热血沸腾，然后真的相信自己可以实现梦想了，但做起来才知道，努力了几年甚至十几年的梦想，根本就是假的，一点都不适合自己。

原因是什么？是他们总拿自己跟别人比较，相信任何人，就是不相信自己，结果，就是在不停地忙碌中找不准自己的定位。他们为了改变命运，到处乱撞，结果对社会的实际适应能力很差。梦想一直在远方，他们在现实中穷困潦倒。

我知道现在不少中国大学生的志向是成为一名"博士"，或者是"获得一个受人尊重的头衔"。这是他们想做的事情，但至于得到这些虚名之后可以去做什么，对此他们一点概念都没有。可以确切地说，这种对于头衔意义的错误判断将影响他们的一生。我见过数不胜数的此类学生，或者是应届的，或者已经参加了工作。在这种潜意识的主导下，他们评价自己的标准就是自己在别人眼中的价值，而不是客观地根据自己的实际能力去评判。

也就是说，你必须懂得自己拥有哪些天资——自己的准确定位，适合做哪些事？然后去努力，挖掘自己的创造力，在正确的方向上努力去创造自己的事业。

富勒制刷公司的创始人阿尔弗雷德是一个很好的例子。他出身贫苦的农民家庭。好的工作似乎总是和他无缘，尽管两年中他一直认真努力，但却先后失去了三份工作。直到他接触到了销售刷子这个行当，这时他才发现自己是多么不喜欢以前的那几份工作，而那些工作对他又是多么不合适。

从阿尔弗雷德刚开始从事这个职业，他就有一个感觉：他会把这个销售工作做得很出色。因为他喜欢这个工作，所以他把自己所有的精力集中于从事世界上最好的销售工作。

阿尔弗雷德果然成了一个十分成功的销售员。后来他感觉，创办自己的公司才更适合自己的个性，他把创办自己的公司定为了下一个目标。于是，他停止了为别人销售刷子的工作，开始将自己的目标付诸行动。

他在晚上制造自己的刷子，第二天又把刷子卖出去。在销售额开始上升时，他租了一栋旧房子，雇用一名助手为他制造刷子，他本人则专注于销售。

这个曾经三次失去工作的人，最终成立了他自己的福勒制刷公司，并拥有几千名销售员和数百万美元的年收入。

现在我告诉你，破墙的关键是你一定要选择适合自己的工作。如果你的定位十分准确，正在做的事情十分符合自己的兴趣，那么你就很容易获得成功。从某种意义上来说，这让潜意识和我们的显意识完美地融为一体。我们能够为之投入几乎全部兴趣的工作，就是最适合我们自己的工作。

其次，请一定不要回避自己的短处，因为我们的短处不可能完全抵消掉自己的长处。不管我们把优点发挥到什么程度，那些缺陷是不会消失的。我们致富和成功的关键之一，在于怎样让自己的长处产生最大程度的正面效应，同时将缺陷的负面效应降低到最小。去掉短板，或者让短板无法产生负面影响。所以结合第一点，请告诉自己："我不是天才，不是每一个行业都适合我从事。"打消你那超级无敌的自信吧！有时它会害了你，只会让你不停撞墙，而不是成功破墙。

最后我要说的是：请在三十岁之前明白这个道理。

伟大的成功者往往在二十岁之前就知道自己应该如何去做了！他们想做事，同时懂得如何做事，以及自己在不同的年龄段能做什么。所以，他们可以从早先的工作中解脱出来去做适合自己的事而取得更大的成就；他们努力根据自己的特长来设计自己，量力而行并发挥创造力；他们根据自己的环境、条件、才能、素质、兴趣等，给予了自己一个准确的定位，然后找到了适合自己的事情，从而在我们之前走向成功，占领了最高阵地！等你明白过来、意欲追赶时，他们把位置已经占满了。他在上面晒太阳，你只能在下面的阴沟里待着，什么都干不了。

这是潜意识的“适应品质”：我们在意识深处对于自身进行适当的定位，建立正确的思维模式。如果没有这一步，你的长处将无法发挥，兴趣无法释放，缺陷则暴露得更加明显。

中国有一位著名的配音演员叫做李扬，深受观众喜爱的卡通形象唐老鸭就是他配的音。他从小就有很强的模仿能力，如果家里来了客人，常常是客人前脚刚走，他后脚就学起了客人的声音和神态。渐渐地他开始喜爱上了影视艺术和文学艺术。

李扬初中毕业后参了军，在部队是一名工程兵，挖土、打坑道、运灰浆、建房屋等是他主要的工作内容。此时，李扬深深地知道自己的爱好，他决心要把自己身上潜在的宝藏发掘出来。

为了实现这个愿望，他抓紧时间工作，在工作之余认真读书看报，博览众多名著，自己还尝试着搞些创作。退伍后李扬也只是一名普通工人，但他仍然在为自己的理想而努力。

不久，大学恢复招生考试，李扬考上了北京工业大学机械系。作为一名大学生，他有很多机会来发掘自己身上的宝藏。

经朋友介绍，李扬参加了很多外国影片的译制录音工作。李扬虽然只是一个业余爱好者，但他能发出生动的、富有想象力的声音，曾参加《西游记》中美猴王的配音工作。

1986年初，《米老鼠和唐老鸭》招聘汉语配音演员，李扬的配音因风格独特被迪斯尼公司相中，他开始为可爱滑稽的唐老鸭配音。结果这部动画片风靡世界，李扬也一举成名，从此迎来了自己事业中的辉煌时刻。

1992年，李扬转赴香港，成立香港李扬集团，闯入香港影视圈。通过重新策划改编电视连续剧《三国演义》，实现了文化与经济的完美结合，他亦因此成为地道的“文化商人”。李扬认为，自己之所以成功，是因为从来没有停止过挖掘自己的长处。

做好定位，你才能知道自己的潜能所在，才能发现自己的长处。不要企望由另一个人来给你打分，因为只有自己才最了解自己。我们的潜意识对于自己无比了解，如果你依然觉得内心困惑，只是因为你没有去作这方面的尝试。

我们究竟应该怎样打开潜意识的自检程序，才能给自己一个准确的定位呢？

1. 首先我们要停止抱怨，不要再埋怨周边的环境与自身的条件。

2. 然后对环境进行客观和准确的评价，为自己努力地寻找那些有利条件。

3. 找到优点和缺点，尤其是后者。再去判断哪一些是自己可以改变的，哪一些又是自己不能改变的。对于那些不能改变的，你要学会适应和容忍。

4. 请准确地评价自己，特别是精确地发现自己的特长和你最感兴趣的事，以及判断自身的素质是否能够满足要求的事，即“我能做什么”。做到这一步，才谈得上去制订目标，设计未来，将潜意识的思维模式转到“我想做什么”。

5. 把人生目标定位在自己所热爱的事业上，“我想做的事情应该是我所热爱的”。如果不是现实所迫，最好不要轻易选择那些自己兴趣不大或者毫无兴趣的事情。

6. 无论做什么事情，先尊重现实，再寻求改变现实。既要考虑自身的条件和能力，又要考虑外部的因素现在是否允许。

7. 不管什么时候都不能坐等机会，要自己勇敢和主动地创造机会，你才能更好地适应当前的环境，让自己变得强大，增加破墙的力量。

但是不幸的是，很多人都没有意识到自己最应该做的事。这是因为，这样的定位常常深深地隐藏在我们的潜意识里，如果不加以训练和主动寻找，它并不会将这个信息传达给显意识。我们付出了很大的现实代价，为了实现目标，自己付出了极大的努力，却收效甚微的时候，才隐约察觉在有些事情上我们犯了错误，只好再次去纠正。

当我们的潜意识中的自我定位与人生目标不相一致时，就会产生潜意识与显意识的冲突、现实与梦想的背离，极大地削弱和降低我们的努力和付出。

一个很明显的例子是，现在的你适合做一名经理，但你却将自己定位为一名“雇员”的水平，只想老老实实地听从上司的摆布，好好领自己的一份薪水。那么，你的潜意识就会阻止你成为一名经理，因为它不符合你的当前定位。

再比如说，如果你觉得自己长得丑陋极了，简直吓死人，那么当有人对你说“先生，你很可爱，你很帅”的时候，你就会大吃一惊，产生强烈的抗逆心理，认为他在撒谎或者他在嘲讽你。这种自我定位持续的时间长了，你就真的变丑陋了。会有越来越多的人觉得你这个人“丑陋至极”！

当然，如果你将自己定位于一名穷光蛋，不配成为富人，也根本赚不到什么钱。结果也可以想象，你的赚钱动机越来越少，即使有赢利的机会，你也会错过，因为潜意识会阻止你发现这样的好机会。

可是在事实中，大量的负面想法并不真实，至少不符合我们当前的实际情况。我们被自己的显意识欺骗了，是一种陈旧的定位在左右你。这种错误的意识不但影响我们的事业，而且会破坏我们的人际关系。有一位美女曾对我说，她因为自己的孤高清傲，赶走了无数想跟她结交的男人，使她直到28岁了还停留在单身状态。但她的内心是渴望交友的，是她的定位出了问题，她认为自己是一个清高的人，不容易让人接近。于是她的潜意识就根据她的这种认识，无声无息地将她塑造为一个“说话难听、摆架子”的清高女郎。

有一位来自于奥哈镇的律师过来找我，在他的律师职业生涯中，他工作得并不出色，虽然他极为努力，但一直无甚效果。他想找清原因：“为什么我想做好，却做不好？”“我明明想成为一名好律师，我十分渴望，可就是得不到想要的结果。为什么？”

在咨询过程中，我逐渐发现，在他的内心深处，其实他一直把自己看做是一个饭店服务生，而不是一名好律师。为什么会这样？听他讲了自己的经历，我明白了。他以前读大学时，曾经长期在某家饭店兼职做端菜的服务生。现在，虽然他的职业变了，可他的内心却仍然没有改变当初的自我定位。只有在他逐渐地在潜意识中用“我未来和现在对自己的定位”替换掉旧有的定位之后，他的工作才慢慢地出现了好转。

潜意识的自我定位十分重要。有时我们想成为什么，明明可以做到，但就是不行，并非外界因素导致的。问题恰恰来自于内心，是我们给自己设定的界限出了问题。你要破墙，就必须先在内心“冲破界限”，它是你获得进步与突破的前提。尤其是一些错误和过时的自我定位，它是潜藏在你的内心，影响你最终走向成功的致命的负面因素。所以，及时地更新你的潜意识定位，使之与你的现实目标相一致，这是十分迫切和必要的，因为它直接关系到我们努力付出的效率，决定着我们事业的成败。

不要关心“奇迹的个案”

有一个在网上广为流传的笑话，是关于美国前总统布什的。布什说：“我们准备干掉四百万伊拉克人和一个修单车的。”CNN记者强烈地质问："一个修单车的？天啊，你为什么要杀死一个修单车的？" 布什总统听到这里，转过身笑了，他拍拍鲍威尔的肩膀乐成一团："看看，我早就说了，没有人会关心那四百万伊拉克人。"

我在美国讲到了这个故事，起初台下一片笑声，但继而是沉默和反思。因为这个笑话讲到了公众的弱点，他们只关心奇怪的个案，却忽视最根本的规律。

春秋时代，越国有一位美女名叫西施，无论举手投足，还是言谈微笑，样样都惹人喜爱。西施略施淡妆，衣着朴素，但是不管走到哪里，都有很多人向她行"注目礼"。她实在太美了，没有人不惊叹于她的美貌。

西施患有心口疼的毛病。有一天，她的病又犯了，只见她手捂胸口，双眉皱起，流露出一种娇媚柔弱的女性美。当她从乡间走过的时候，乡里人无不睁大眼睛注视着她。

当时，在乡下有一个丑女人，动作粗俗、说话大声大气，却一天到晚做着当美女的梦。今天穿这样的衣服，明天梳那样的发式，却没有一个人说她漂亮。

这一天，她看到西施捂着胸口、皱着双眉的样子竟博得这么多人的青睐，因此回去以后，她也学着西施的样子。手捂胸口的矫揉造作使她的样子更难看了，可用丑人多作怪一词形容。结果，富人看见丑女的怪模样，马上把门紧紧关上；穷人看见丑女走过来，马上拉着妻子和孩子远远地躲开。人们见了这个模仿西施心口疼、在村里走来走去的丑女人，简直像见了瘟神一般。

很显然，这名可笑的丑女人，她只知道西施皱眉的样子非常美丽，却不知道她为什么如此美丽。她只是简单地模仿西施的样子，结果当然是被人讥笑了。她只看到了一种“美丽的奇迹”，觉得只要做出像她一样美的动作就能动人了，但却不明白，西施做那个动作的确很美，可自己做了就不一定了。我讲这个故事是向你们说明，“美丽的奇迹”通常是不能模仿的，如果你只看到其中的个性，就会忽略最重要的问题，就像有关于“修单车”的案例一样。我再给大家讲一个故事：

一只从高岩上直飞而下的鹰，把一只在下面吃草的羊羔抓走了。一只乌鸦见到后，非常羡慕，很想效仿这种“英雄举动”。于是，它呼啦啦地猛扑到一只公羊背上，用尽全身力气想把羊带走，但它的脚爪却被羊毛缠住了，拔也拔不出来。尽管它用力地不断地拍打着翅膀，但是却无法飞起来。

牧羊人看到了这种情况，跑过去将它一把抓住，把它翅膀上的羽毛剪去了。傍晚，他带着乌鸦回家，交给了他的孩子们。孩子们问这是什么鸟，他回答说：“这的确是一只乌鸦，但他却硬要模仿老鹰。”

这个故事又在说什么呢？我在加强之前这个道理的深刻性。很多强者可以实现一些让人目瞪口呆的伟业，仿效别人去做自己力所不能及的事，不仅不会得到什么好处，还会给自己带来不幸，受到人们的嘲笑。

相信“奇迹的个案”，会让你走上死路。

普通人总是喜欢效仿别人，所以借了别人的路来走，但他们却不知道这往往是一条被借来的死路。因为别人的个性不是你的，巴菲特的稳重和判断力，不是你能够具备的；罗杰斯的勇气和投资智谋，你也并不具备。你的路只能是严格遵循自己的方式，而不是扯起“奇迹的个案”作为大旗。

硬是跟着别人走，不会带你走上成功的道路。现实是很多穷人总是企望奇迹，从中得到慰藉，同时也因为它而拖延了自己的旅程。只有他们真正地开始自己人生旅途的时候，开始抛弃奇迹心理，相信自己的潜意识能够产生力量时，找到成功之路才有可能。

即便在自己的路上犯下错误，这也比模仿别人强得多，因为你至少通过自己的错误了解到了什么是不能做的，以及应该怎么做。所以，虽然富人们也会效仿别人成功的经验，但是他不是单纯的模仿者。富人也会追随别人，但是他是为了寻找、发现而追随的。在学习成功人物的事迹时，他们的潜意识仍然是警觉的，建立在自己的独立思考上。而穷人却不同，他们效仿别人时，就意味着丢掉了自己的脑子，不再思考，只有狂热的盲从。他们很容易因为效仿而变得盲目和依赖，让自己成为强者精神上的奴隶。

用自己的方式成功，才能创造奇迹。

现实中的穷人们不停地效仿着别人，崇拜着那些伟大人物的成功奇迹。可在我看来，其实他们根本没有必要效仿和模拟别人。因为有很多东西是你自己才拥有的，别人并不具备。如果你总是看到其他人的身上的优点和强项，看到他们成功的路线，就想拿过来让自己依葫芦画瓢，填充自己身上缺少的东西，不但不会有什么好处，可能还会阻碍及毁掉自己身上的优点。

金姆是美国雷顿公司总裁，之前他曾当过推销员。在一次订货会上，规定每个人都只有十分钟登台推销的时间。金姆并没有像其他人一样抓紧时间讲自己产品的好处，而是先将一只小猴装在用布蒙住的笼子里带进会场，轮到他上台时，他将小猴带上讲台，让它坐在自己肩膀上，任其跳蹿，引起了场内的一阵哄乱。不一会儿，他把小猴子弄了下来，场内恢复平静，金姆只说了一句话："我是来推销白索登牙膏的，谢谢。"说完便飘然离去。结果他的产品风靡全场。金姆采用的陪衬推销法，独出心裁，别具一格，短短一句话给人留下极深刻的印象，这种广告宣传效果是其他方法达不到的。

没错，金姆用一种独特的方法创造了一个营销奇迹。但是，他的方法对你来说就适用吗？恰恰相反，如果你相信这种个案的奇迹，你的下场更大的可能是刚一亮相就被轰下台，根本没有机会说出最后一句话。我们需要的绝不是完全搬照，而是切实根据自己的条件，理性而又聪明地思考成功的办法。下面这位意大利人的例子，对我们来说就是很好的启发。

意大利人菲尔·劳伦斯自己开办了一家七岁儿童商店，经营的商品全是七岁左右儿童吃穿用玩的用品。商店规定，只有七岁的儿童才能进店，大人进店必须有七岁儿童做伴，否则谢绝入内，即使是当地官员也不例外。商店的这一招不仅没有减少生意，反而吸引来了很多顾客。一些带着七岁儿童的家长进门，想看看里面到底“卖的什么药”，而一些带着不是七岁年龄孩子的家长也说自己的孩子七岁，进店选购商品。菲尔的生意越做越红火。后来，他又开设了二十多家类似的商店，如新婚青年商店、老年人商店、孕妇商店、妇女商店等等。妇女商店，男顾客不准入内，所以不少女性非常感兴趣，少不得进门一逛。孕妇可以进妇女商店，但是未孕女性不得进孕妇商店。戴眼镜商店只接待戴眼镜的顾客，其他人没有办法进去，也只能望门兴叹。左撇子商店只接待左撇子顾客，但是如果有人冒充左撇子进店，他们也绝不反对。所有这些限制顾客的做法，都对促进销售起到了很好的效果。

劳伦斯充分抓住了自己的特点，在别的儿童商店销售业绩很差时，他采用了逆向思维以刺激消费者的好奇心理。他的方法是自己的，而不是任何人教给他的。就像我们每个人都拥有的优势一样，我们都能拿出最适合自己的方法，而不是盲目效仿别人。

离空谈者九站远

在华盛顿，我认识了一位来自华北某地的商人，他在国内倒卖矿石赚了一大笔钱，又借了不少钱，来到美国想做更大的生意。他在自己租下的一间豪华寓所招待我，终日对我夸夸其谈，讲述他的生意经和未来的理想。

他对我说："我来美国之前，已经在上海的仓库里存了一大批货；在我北京的总公司那边，也有一批花色品种齐全的商品，我准备把中国鲜花运到美国，占领市场，让美国人体验一下什么叫做中国花卉；我抵押了在杭州的八套房子，贷款所得全部投入在美国的新生意；我还打算在华尔街开一家证券公司，狠狠赚上一大笔，然后就等着享清福了。"

我只好问他："这么多的理想，你实现这些的计划是什么呢？有没有可行性报告和相关的步骤呢？"

他并没有理会我的问题，而是接着说："你知道吗，高级工艺品在中国很值钱，我想到印度去把那儿部落的手工艺品带到中国，然后我再把景德镇产的一些瓷器带到欧洲，投资欧洲的汽车公司，卖名牌汽车到中国，结合我在美国的生意，这样就把钱转起来了，不管世界经济形势怎么变化，我都有钱可赚。”他滔滔不绝地说着，眼睛发亮，仿佛望见了他一手创建的商业帝国正冉冉升起。

我只好回答他：“如果你的这些梦想没有切实可行的计划，那么除了给这间房子的空气造成了一些波动，对这个世界是不会有任何影响的。”

像他这样的人有许多，只是谈论自己的构想，却拿不出一份哪怕有三分可行的计划书。人们只想做点什么，但很少计划应该如何去做。这是穷人普遍具有的毛病，他们的内心充盈，装满了梦想，但他们的潜意识集中全部的能量辐射到了那些美丽的结果上，却没有分出足够的能量投射到务实的计划中。请看这个故事。

有一户人家的花园中摆着一颗大石头，宽度大约有四十公分，高度有十公分。到花园的人，不小心就会碰到那颗大石头，不是跌倒就是擦伤。儿子问：“爸爸，那颗石头真让人讨厌，为什么我们不把它挖走？”

爸爸回答说：“那颗石头从你爷爷时代起，就一直‘生’在那儿，它的体积那么大，不知道要挖到什么时候，与其挖这块石头，不如走路小心一点，还可以训练你的反应能力。”

过了几年，这颗大石头留到下一代，当时的儿子娶了媳妇，当了爸爸。有一天媳妇气愤地说：“爸爸，花园那颗大石头，我越看越不顺眼，改天请人搬走好了。”

爸爸还是这样回答：“算了吧！那颗大石头很重的，可以搬走的话在我小时候就搬走了，哪会让它留到现在啊？”

媳妇心底非常不是滋味，因为那颗石头不知道让她跌倒多少次了。第二天一早，媳妇带着锄头和一桶水，将整桶水倒在大石头的四周。她下定决心，即使是花上三天三夜的工夫也要把这块石头撬出来搬走。十几分钟以后，媳妇用锄头把大石头四周的泥土刨松。但谁都没想到，几分钟以后她就已经把石头撬松并挖了起来，看看大小，这颗石头的实际大小并没有想象的那么大，之前都是被它的外表蒙骗了。

一只麻袋不装东西能站立起来吗？只有填满了东西才能放得直，否则任你怎么扶它，它都只有软软地趴在地上。空谈除了满足一下我们内心深处的幻想，对于事业发展没有任何帮助。

这方面的反面教材有很多，英国的诗人柯立芝就是其中一位。他遗留给后代的诗作大部分都只是构想，是未完成的“伟大作品”。当然，他这个人的天赋与才能的确都很高，在当时尽人皆知。以他的水平，他是可以完成至少几十篇传世佳作的，可他却白白浪费了机会，虚度光阴。他只是用嘴巴说，就是不行动。他堪称当时最有名的空谈家。他生活在不真实的梦幻世界里，还以为自己真的是世界的主人。

所以，在他死后，查理·莱姆写信给其他的朋友通报这一消息时说："柯立芝死了，我们听说他留下了四万多篇有关形而上学和神学的论文，但没有一篇是最终完成的！"

坐而空谈是最容易的事，起而实施却很难。踏实做事，务实走好每一步，好过夸夸其谈。

你的老板并不愚蠢，比起你来，他们大多数还是更喜欢踏实做事的人。没有哪个老板喜欢空谈家，除非他是傻瓜。你老是谈战略，谈梦想，就是不行动，难保你的老板嘴上不说却内心不爽！老板并不关心战略，他们关心的是如何赚钱。换言之，那些富人都是务实的，所以他们的财富不断增长；而你整天务虚，只能原地踏步。

当你为这些人打工时，有一个更为重要的道理是，你要懂得在不同时期如何运用不同的工作方法。只用嘴巴说是没用的，不但要在大处着眼，还要在小处着手。说出来不如做出来，应该先追求量变，再去追求质变。

当初立下的雄心壮志并不算什么，我们潜意识中都有立愿和构想的本能，但如果你的幻想只是"渴望"一下就能成功，实际上却没有一点机会能够做到。

无论如何，我们总会遇到一些夸夸其谈的人，像苍蝇一样围在身边，嗡嗡直叫，烦人不说，还害了自己。他们把自己人生的大部分时光都消耗在空谈上了。说的话，许的愿，连他自己都记不清有多少，但做的事却就那么几件，还都不尽如人意。只有实干家才懂得少说多做和脚踏实地的道理，他们才能真正地利用时间，做出有价值的事情去实现梦想。

就以生命的时间而论，每个人从上帝那里得到的待遇都是公平的。时间很有限，如果你总是将过多的时间浪费在嘴巴和思考上，实际用来做事的时间必然就减少了。于是，你只能成为一名理想家，而不是实干家。

空谈只会浪费宝贵时间，延误你的机遇。

当你强烈渴望时，不要把过多的时间都浪费在对于理想的阐述上。我们只有用一种习惯于计划和行动的潜意识模式来主导身体，少说多做，才能更好地利用有限的时间完成自己的构想，让自己的努力产生最大价值。

开会是一个很典型的例子。我们每天都在开会，十几年来我遇到最多的最让我沮丧的情况都是在会议上，因为我在这里见到了太多的空谈家。他们在会上发表自己的观点时没有一点时间观念，一开口就收不住了，说了一堆想法，仿佛能征服宇宙的计划，但就是缺乏可行性。有的人甚至一谈就是一两个小时，说跑题了都不知道。由于他说得实在太多，像个诗人，大家都没有兴趣听下去，久而久之只要这类人开口发言，众人都打哈欠，开小差，或在会议桌上做别的事。有的人当然讲得很详细，也包括步骤，他们努力将自己扮成务实家。但即使你仔细地听了，也搞不懂他到底想说什么，他所表达的主旨是什么。当他讲话时，时间全都浪费了。

我在国内有一家分公司的经理李先生就是这样的人。他思维很活跃，不管是什么样的会议，都喜欢发言和表达观点。但是他的发言总是放而不收，滔滔不绝，让人没有耐心听下去。当他讲话的时候，其他人都在发呆睡觉或者开小差。即便是他有很多观点都很不错，也没有人听得进去。会议开了四五个小时，却一点效果都没有。

后来他到美国出差，同事将他的“好习惯”告知了我，我就找他谈了一次。然后他试着去做出一些改变，在会议发言的时候尽量让自己的语言简短，把自己的观点及原因一条一条分列出来，最多十分钟就讲完了。

当然，这么做取得的效果也是令他吃惊的。因为时间短，下属们很容易集中精力去领会他的意思。总公司的上司也能听进去他的观点，并且采用了他的很多建议。时间花得少，问题谈得少，但是效果却变好了。

因此，避免空谈，就得学会管理时间。就像会议发言一样，合理安排工作时间表非常重要。当你将在会议上发言时，必须掌握必要的技巧和方法，尽可能地在会议上节省我们的时间。这既对你有利，也对旁听者有益。

津津有味地谈论你的空想，只会产生两个效果：①浪费宝贵时间；②让你的听众对你失去兴趣。所以我经常在公司讲到“会议纪律”，并把它延伸到所有的领域。我要求自己的下属不管讲什么，在发言的时候都应该尽量地简明扼要。我让他们先在纸上写下提纲，总结概要，提醒他们不要扩展太多，更不要跑题，只要让大家（上司和同事）都能清楚地知道你的意思就行了。

更重要的是，我提示他们一定要讲出可行性。一个空洞的计划，如果没有实现的可能和清晰的路线图，那么不会有人因为你说得久、说得漂亮就对你表示赞同。况且，如果你什么都不做，什么都做不成，说得太多了反而让人觉得厌恶。

抓住黄金时间

请抓住决定成功的关键点、机会和市场。

黄金时间就是我们做事的关键时机。对于一个人来说，这是比单纯的“钱”更加宝贵的财富。钱放在那里，每个人都有可能拿到它，装进自己的口袋。但是，什么时候可以去拿，用怎样的方式和效率去拿到手呢？这就是黄金时间的概念。我们的潜意识对此有自己的敏感性，一件事情，它的时机到了，我们的内心都会发出一种信号。浅显地说，它叫做预感；深入地来说，它出自于潜意识对自我做事能力、环境与形势的综合判断，它具备某种感知力。

只要你能够善于把握和抓住这样的关键机会，在一个正确的时间出击，你就能发挥自己的能力，释放潜意识的发现力，体现自己的独到眼光，得到那些令人羡慕的财富。

一个人的成功50%得益于自身的努力，50%得益于能够在黄金时间抓住机会，无论顺境和逆境都遵循此规律。

如果你去泰国，你会看到一座非常奇怪的雕像。从正面看，它是一个非常婀娜多姿的裸体女人，但是乱蓬蓬的头发却挡住了她的脸，你看不到她的面容是美丽还是丑陋。但当你走到雕像的背后，你会发现她那光秃秃的后脑，一根头发也没有，只有她的后背上面写着“机会”两个字。

当地人是这样解释的：机会就像一个裸着身体的女人，具有两面性。当她长发遮面地向你走来时，充满了诱惑但却让人疑惑。你不知道她的长发下面遮盖的是怎样的面孔，所以你通常犹豫着不敢去拥抱她，对她有所畏惧；但当她走过你的身边，她的长发飞起的一刹那，你才发觉她真是大美女，想伸手去抓她，却因为她的后脑没有一根头发，全身一丝不挂，你根本没办法抓住。

这就意味着，潜意识的判断力差的人，当黄金机会来到他的面前时，他们往往看不到她真实的面容，当你犹豫不决地等她走过的时候，才发现是一个不错的时机，可这时想去抓的时候，却已经错失良机了。就像朝阳一样，黎明时分起床，在它从东边的天际线一跃而出之前的一刹那紧紧盯住，才能有幸欣赏到最红的一轮太阳；但如果你晚一分钟，可能就看不到了，你只能等第二天了。这就是黄金时间。

★ 随时留意身边有无生意可做，才会抓住时机，把握上升点。着手越快越好，遇到不寻常的事发生时立即想到赚钱，这是生意人应该具备的素质。——李嘉诚（长江实业集团董事局主席）

★ 商场上，我想没有比“时机”更为重要的了。——盛田昭夫（索尼公司创始人之一）

★ 世界的改变，生意的成功，常常属于那些敢于抓住时机，敢于冒险的企业家。——郑周永（韩国现代创始人）

★ 生意场上，机会稍纵即逝，只有善于捕捉时机，果断决策，才能成为生意场上的常胜将军。——阿哈曼·哈默（著名经济学家）

以上的名人名言无不在告诉我们这个道理，每个人都有自己的关键时间——这是上帝的赐予，同时也是对我们的思考和判断力的考验。那些没有发财致富和毫无作为的人总是会抱怨老天没有给他一次机会，以至于他的命运如此凄惨。但是事实并非如此，因为黄金机会其实无处不在。它每一天、每一个时刻都在环绕着我们，只是很多人对于这个时间段和机会的出现熟视无睹。或者虽然看见了，但因为没有行动，等于没看到。

成功者善于在别人熟视无睹的地方发现机会并且巧妙地抓到手中，所以他们可以成就自己的一番事业。这些人占据了金字塔的顶端，他们是阶层竞争的优胜者，拥有强大的内心和对机遇及时间的利用能力。像中国的胡雪岩、我的前老板李嘉诚、马云和美国的比尔·盖茨们，他们无一不是在关键时间发现机会、把握机会和创造奇迹的大师级人物。

李嘉诚于1950年夏天倾尽自己的多年积蓄连同向亲友筹借的五万港元，在筲箕湾租下了一间厂房，创办了“长江塑胶厂”，专门生产塑胶玩具和简单日用品，由此开始了他的创业之路。在最初的一段时期，李嘉诚顺利地赚了几笔小钱。但不久后，由于他对自身以及市场认识的不足，他的企业开始亏损，直至濒临破产的境地，李嘉诚为此付出了沉重的代价。

阵痛过后，李嘉诚开始冷静地分析世界的经济形势，香港的市场走向，寻找东山再起的机会。一天深夜，李嘉诚在最新英文版《塑胶》杂志上一个不太引人注目的角落里，看到一则有关意大利一家公司用塑胶原料设计制造塑胶花，并即将倾销欧美市场的消息。李嘉诚马上意识到，此时如果在香港大量生产塑胶花，肯定会很受市民的欢迎。

说干就干，急于走出绝境的李嘉诚马上开始了他的“转轨”

行动，组织力量投入生产。既便宜又逼真的塑胶花上市后，很快为香港市民所接受，订货单源源不断，产品供不应求，很快，“长江塑胶厂”的名字为人们所熟悉。李嘉诚借助一个偶然发现的商机度过了创业的危机，渐渐地走上了稳定发展的道路。“随时留意身边有无生意可做”，李嘉诚这句话的真正含义是：我们要随时保持警觉并善于发现商机。李嘉诚是这样说的也是这样做的，在他五十多年的商业生涯中，他一直保持着敏锐的商业头脑和超前的商业感觉，这也是他的长江集团能逐渐做大做强的根本原因。

我们再举另一个例子，腾讯的第一号人物马化腾也是一位对于黄金时间具备强大感知力的企业家。在他没有创业时，他只是一个痴迷于网络的人，但现在却成功地创建了一家注册用户超过几亿且仍在迅速增长的网络巨无霸公司。他的人生发生了如此巨大的转变，当初只是源于他的一次突发奇想：他想在网上“寻呼”朋友。

他的这个想法，帮助他创造了在今天的世界最为流行的腾讯QQ——对人们的生活不可或缺的通信方式。当他产生这样一种想法时，他敏锐地意识到，自己可以做出一件不平凡的事情，而且属于自己的时间已经到了。

于是我们才看到，马化腾凭借一个拷贝而来的想法，改变了全世界几亿人的沟通习惯，创造和引领了一种新的网络文化，也送给了世界一种新的营利模式。

我们还可以举出更多的例子。比如在很多年前，弗雷德·史密斯创建了联邦快递。他只是凭着一个想法——隔夜传递，意识到自己最好的事业来了，立刻出手，拿着创意去找风险投资家。他成功了，今天，联邦快递已经是全球最大的快递运输公司，在全球211个国家开展了业务。

另一位美国人李维斯则在不同的领域抓住了机会。有一次他去某座矿井旁边玩耍时，看到采矿工人需要跪在地上工作，裤子的膝盖部分特别容易磨破。这时他想的不是心疼矿工的双腿，而是另一个念头：是不是需要我做些什么呢？

他看到了商机：将矿区内废旧的帆布帐篷收集起来，洗干净后将它们加工成裤子。一种厚实不怕磨损的裤子——牛仔裤诞生了，很快风靡全球。

这些不同的例子，向我们证明了机会总在最合适的时间出现。它会提醒你，不时出现在窗前、身后或者头顶，生活中的每一个细节，都隐藏着它们的身影。但要看你能不能发现和把握。如果你不能，总是错过黄金时间，发现不了机会，你就不可能战胜竞争，找到属于自己的财富金矿。

黄金机会无处不在，但你需要一双慧眼和一颗敏感而灵活的心。

你必须拥有一个像猎犬一样灵敏的鼻子，能够准确无误地闻到到底哪里才有金矿和机会。同时你还要拥有鹰隼一样的出击速度，发现目标就可以一击而中，将其握在手中。你的阶层身份，往往决定于这一瞬间。所以发现黄金机会时，你必须果断出手，不可迟疑。

人们身边的机会是很多的，市场需求也大量存在。但它们不是等来的，要靠我们的双眼和思想，靠潜意识的感觉才能去发现和获得。从某种意义上讲，黄金时间和关键机遇对任何人来说都是公平的，但它们总是会青睐那些平时就做好准备的人。

美国的钢铁大王卡耐基曾经说："机会是我们自己努力创造出来的，任何人都有机会，只是有些人不善于创造机会罢了。"

机会是我们通向成功的捷径，一个人只有不断地发掘和把握机会，而且要分辨和抓住那些最关键的黄金机遇，才能创造无限的可能性。在这个基础上，勇敢地去激活潜在的能量，做正确的事，财富才会微笑着走向你，并朝你扑面而来。

一份合理的计划书

建立目的导向是让潜意识发挥作用的主要方法。在这里，我们强调的是你要为自己的潜意识灌输一份合理的计划，重复灌输"计划"的命令。规划能量的释放，并制定有序的步骤和定位目标。这要求我们必须压制野心，使自己量力而行，让目标得以一步步地实现。

一个人在他的人生中对于命运最大的需求是什么？马斯洛认

为是实现自我价值。了不起的目标我们都可以制定，你想赚到一百亿，他想进入上流社会，我想设计一架超时空飞行的机器。我们都有一种强烈的渴望：做一件伟大的事情。但是怎样实现？这不但需要有明确的目标，还要有一份具备充分可行性的计划。

在你实现梦想的过程中，第一，你的目标要专注，不能这也想做，那也想做，结果什么都做不好；第二，你的目标要远大，不可能只是制订一份明天让自己赚到一百块的计划或者这个月让上司表扬一次；第三，你的目标要有相应的计划作为基础，必须有详细的步骤和可行性。这三项条件缺一不可，否则都可能让你一事无成。

合理的目标可以激发出人的无限潜能，而成功要从远大的目标起步。

克林顿在他十七岁的时候说："我要做总统。"他确立了这样的一个目标，然后坚持不懈地为之奋斗，终于成功地入主白宫。

比尔·盖茨说："我要让每一个家庭的办公桌上都有一台小型电脑。"这一目标让他创建了微软，并且成为世界首富。

商业巨子J. C. 宾尼说过："一个心中有目标的普通职员，会成为创造历史的人；一个心中没有目标的人，他只能是个平凡的职员。"

一个人的成功，不能建立在浑浑噩噩之中。他得有一份梦想，知道自己要做什么，只有这样才能将自己的潜能激发出来。是的，目标很重要，计划也是必需的。克林顿和比尔的目标都很远大，但却建立在合理的基础上：他们具备实现的条件。

很多年前，曾经有过关于三百多条鲸鱼突然死亡的报道。这些鲸鱼在追逐沙丁鱼的过程中，不知不觉被困在一个海湾里。弗里德里克·布·哈里斯这样评价："这些小鱼把海上巨人引向死亡，鲸鱼因为追逐小利而暴死，为了微不足道的目标而空耗了自己的巨大力量。"

这个故事说明了远期目标的重要性，那些鲸鱼正是逐小利的受害者，虽然它们有着巨大的力量与潜能，但它们只顾着眼前的蝇头小利，忘了自己本能做到的更大的事。简而言之，我旨在表明，你在制订计划时，必须全神贯注于自己的优势。你的计划需要给你带来高回报，而不是一些小鱼小虾。你的目标能够帮助你集中最大的精力，不能总是三心二意。

此外最重要的是，在制订计划时，你要明白一个道理："我成为什么样的人，比我得到了什么东西更可贵。"

一份合理的计划需要制订可实现的分步骤。

18世纪的伟大发明家兼政治家富兰克林在他的自传中说："我总认为一个能力很一般的人如果有一份好计划，他是会有大作为的。"

再伟大的梦想，也要在现实中通过自己务实的努力才能实现。

许多人本可以将心中的梦想完成，但最终他们只能为了虚度的过去后悔，原因正是他没有把握好过程。他的心中充满了空想，缺乏行动力，同时目标制定得也不合理。

我们要将一个大的任务看成是由一连串小任务和小步骤组成的，为了实现这个大的理想，我们就要制定并且达到一连串的小目标。因为每一个重大目标的实现，都是由几个阶段性的小目标和无数科学的小步骤累积起来的结果。这是计划的合理要素，你的心中要明白，自己可以集中精力去做的事情，它务必能够释放你全部的优势，以及具备充分的可行性。

1984年，在东京国际马拉松邀请赛中，毫不起眼的日本选手山田本一出人意料地夺得了冠军。两年后，意大利国际马拉松邀请赛在意大利北部城市米兰举行，山田本一代表日本参加比赛，他又获得了冠军。很多人都对他的成功非常感兴趣，却又不知道其中的奥妙。

十年后，这个谜终于解开了，他在自己的传记中写道："每次比赛之前，我都要乘车把比赛的线路仔细地看一遍，并把沿途比较醒目的标志画下来，比如第一个标志是一家银行，第二个标志是一棵大树，第三个标志是一座红房子……这样一直画到赛程的终点。比赛开始后，我就以百米冲刺的速度奋力地向第一个目标跑去，等到达第一个目标后，我又以同样的速度向第二个目标跑去……四十多公里的赛程，就这样被我用分解成几个小目标的方式轻松地跑完了。”

如果你制订了一份很好的合理的计划，又能定期地检查进度，纠正失误，良好的工作成果就能逐渐显现。衡量我们的计划是否合理的正确方法，是要能够做出足够的成果来实现阶段性的目标。如果每一步都能得到十分，说明计划就是合理的。同时，随着一个又一个目标的实现，你会渐渐地明白要实现这样一份计划需要花多大的力气，同时还能发现自己的缺点，知道怎样去提升，以完善自己的能力。

最后，它还能帮你懂得如何用较少的时间来创造更多的价值，这将可以引导你制定更高的目标，提高计划的质量。沿着它的轨迹，我们将能不断地取得成果，不管是赚钱还是在其他领域，我们的每一天都在收获。

第四章

财富的积累原则

没有存出来的富翁

只靠存钱，你是成不了一名富翁的。你每月将工资存起来，一分钱砍成两半花，吃饭用秤称，喝水用杯量——这可以让你步入小康之家，但想变成富豪则是痴心妄想。

“上帝把钱作为礼物送给我们，目的是让我们购买这个世界的快乐，而不是让我们存起来再还给他。”这是犹太人的经典书籍中的一段话。这个民族被称为全世界最善经营的民族，他们的经营原则是：没有钱或者钱不够的时候就借，等你有钱就可以还了，不敢借钱的人是永远不会发财的。

钱就是这样用的。

我通过自己的亲身经历和研究不断地发现和验证这个现象，穷人之所以很穷，通常不是因为他们不努力，而是因为他们把自己能够赚到的仅有的一些钱都攒了起来，不敢动，也不想动。钱没办法流动，变成了毫无价值的死钱和石块一样的东西。富人之所以能够变得富有并长久地富有下去，是因为他们习惯于使钱流动，他们几乎从不攒钱，而是将赚来的钱继续投入到自己的生意中，或者投资，或者购买基金、股票等，去赚更多的钱。

这是一个再普通不过的道理：攒钱无法成为富翁，只有赚钱才能让你致富。

在这里，我并不是说人不能攒钱。事实是，最关键的错误是人们总是一味地攒钱，不舍得花掉一分。他们在花钱的时候表现得极其吝啬，时间长了，就在潜意识中形成了保守和自闭的思维模式，不敢冒险。这是一种贫穷的思想，虽然不会使他无谓损失，但也让他永远没有发财良机。

我们的内心所具有的思维和感觉，决定了将来是否可以拥有财富。制造富有的潜意识帮助我们创造财富。制造贫穷的潜意识使我们陷入真正的贫穷。

贫穷的思维通常表现为卑微和小气。一般而言，如果一个人太穷了，他就整天为了基本的生存奔忙劳碌，他所能想到的最重要的事情就是生存。吃上饭，交上房租，买几件简单衣服，准时上班，不被老板开除。就是他最大的渴望。长此以往，他的头脑里就没有了对更多财富的渴望。他只想守住已经得到的微薄的收入，老板越是压榨他，他就越谨小慎微，不敢把钱拿出来花掉，哪怕是花在最有意义的事情上。于是，他也就失去了成为富人的机会。

犹太人当中的巨富比尔·萨尔诺夫，他小时候生活在纽约的贫民窟里，有六个兄弟姐妹，全家依靠父亲做小职员的微薄收入度日，生活极为拮据。他们只有把钱省了又省，才能勉强过活。到了他十五岁那年，他的父亲把他叫到身边，对他说：“小比尔，你已经长大了，要自己来养活自己了。”小比尔点点头。父亲继续说：“我攒了一辈子也没有给你们攒下什么，我希望你能去经商，这样才有希望改变我们贫穷的命运，这也是我们犹太人的传统。”

比尔听了父亲的忠告，投身商海，从最底层开始做起。三年之后，他改变了全家原先的赤贫状况。五年之后，他们全家搬离了那个社区。七年之后，他们竟然在寸土寸金的纽约买下一套房子。

只有用钱去赚取更多的利润，一个人才能彻底地改变他贫穷的命运。犹太人是很好的例子，他们赚取了让世人瞠目的财富，是全球最庞大也是最聪明的经商民族。

当然，赚钱不是说说而已，并非你想这样也拿出了行动就能把钱赚到手了，它是一种智慧的思维。你不但要有行动，还必须具备能够巧妙赚钱的智慧，只有这样才能跻身于富人的行列。

好莱坞电影巨头之一的刘易斯·塞尔兹尼曾在教育他的儿子大卫时说过一句话：“快去大手大脚地花钱，享受舒适的生活吧，你始终要记住：不要按你的收入过日子，这样才能使一个人充满自信。”

后来，大卫成为了经典电影《飘》的制片人，这句话也成为了风行好莱坞的经营原则。使劲地赚钱，同时又使劲地花钱，当然是花在实处，这正是美国富人的做法。他们不断地将赢利再投放出去，使其始终在流动当中，产生更多的赢利，也让自己越来越富有。

只有可以从大处着眼和在小处着手的人才能真正拥有财富。他们不会放弃任何的赚钱机会，并且不停地将赚来的钱再投进去，让钱持续流动，最后变成越滚越大的雪球。

在我们身边，更多的人还是在遵循一种节衣缩食的生存规则，他们将省下来的钱存成定期，准备一万年不变。正是这种理财原则，使大多数人只能是穷人而变不成富人。穷人始终在存钱，但是越存越穷；富人始终在花钱，但他们越花越富。

在三十年前，你可能是当地著名的万元户，算是有钱人，但如果你只是将这一万元存起来，三十年不动，现在的你一定是一个穷光蛋。现在，你有一百万元，能购买一套不错的房子，但如果你不让它产生更大的价值，在三十年以后，你手中的这一百万或许只能买一个小小的厕所了。

为什么会这样？很简单，通货膨胀始终存在，它看不见摸不着但却威力无穷。短期之内你感觉不到它对我们拥有的财富的伤害，但长期来看，它却在严重地吞噬我们的资产，这正是你必须拿钱进行投资而不能存在银行的主要原因。

作为一个总结，我想再次强调的是：对一份让自己变得富有的雄伟计划来说，最聪明的投资是让手中的钱流动起来，而不是白白地增加它的时间成本！仅仅有钱并不能让我们变得富有，怎样管理自己手中的钱，才是财富积累的最重要原则。

关注当前利润不如关心未来前景

当你正面临生活的困惑时，你想到的是什么？是当前的处境，能够拿到手的钱，还是未来几年内可期的人生前景？当前的“利润”与未来的“前景”相比，哪一个对你更加重要？这是一个非常重要的问题，你的态度在很大程度上决定了你的财富观，以及你这一生能够取得的成就。

现在是穷人，不代表我们以后还是穷人。但如果你现在没有眼光，缺乏长期规划的能力和必要的意志力，那你只能在穷人的阵营里扎堆了。

在国内，曾经有这样一位年轻人，他大学毕业后只身来到一座陌生的城市打工。身上带的钱用尽了，举目无亲，房东又天天催讨房租。虽然有一家单位已经决定聘用他，但是，哪家单位愿意将工资预付给一个尚未开始工作的人呢。

无奈之下，一个星期天，他拖着沉重的双腿来到了一家废品回收公司。看着那些成堆的纸片、饮料盒子……青年红着脸向老板问了那些废品的价格。

他找来一只破麻袋，毅然走上了大街去拾荒。忍受着人们的白眼，经受着风雨的洗礼。他走过了城市的每一个角落，拾捡着废品，也积攒着对未来生活的渴望，积攒着在这个陌生城市继续生活下来的决心与力量。当他从废品店老板手里接过在这座城市掘到的“第一桶金”时，青年的眼眶潮湿了，他听到心中的呐喊：“生存没有绝境，就看你肯不肯去做。”

通过自己的努力奋斗，后来他拥有了属于自己的废品收购公司，在当地成为了一名人见人羡的富人。

现在很多公司其实都在讲到远景计划的重要性，用一个专业名词来说，就是“愿景”。我们在作自己的职业规划时，当然也会讲到“愿景”，但关键在于你能否做得到。

很多我们最后没有做到的事情，不是能力不行，而是因为自己的视野和思考的焦点不到位，眼光没有朝前看，只盯着自己的脚下。这一直是潜意识的思维习惯，也是它运作程序的一部分。就像比起“两年后的今天我在干什么”的话题来，潜意识当然对于“今天的晚饭吃什么”更感兴趣。

但对希望改变命运、使自己的人生发生一场深刻革命的你来说，却应该纠正潜意识的这个坏习惯，将它的焦点向外延伸，把自己的目光放长远，将自己的心理承受边界向外扩展。因为穷人与富人最大的差距并不是拥有财富的多少，而在于头脑的贫和富。穷人总是表现得目光短浅，这是由他们的潜意识决定的。而要克服这种缺点的束缚，他们需要从以下的几个方面入手：

第一，不要因为当前的安逸忽视了对未来的判断。

我们应该努力做跑得最快的狮子。但贪图安逸的人们几乎都有一种小农意识，他们不想做狮子，最想做的是一只羊。他们希望一辈子过着安逸和悠然自得的生活，做好丈夫、好妻子、好朋友。这样的生活也不错，但他不会成为有钱人——如果他有富裕之梦的话！

A君和B君是非常要好的朋友。A君在一家名不见经传的公司担任行政经理。他邀请B君来公司任职，可B君却说朋友A君过于追求安逸了。

很快，B君创立了自己的公司。公司虽小，但数年以后，B君凭借自己的闯劲和能力，把公司发展为一个业内数一数二的大公司。

B君买了别墅和豪华轿车，还娶了一位女明星做太太。反观A君，还是一名行政经理，一直过着平民的生活。

这个世界的现实是，当你贪图安逸时，结果恰恰会是让自己的生活变得非常不安逸。得过且过的生活为我们带来的，是坐吃山空和逐渐加深的困境。一时的安逸能让你睡几个好觉，但长期的乐不思蜀，则会让你失掉一生。

你可以不做跑得最快的狮子，但也千万不要做跑得最慢的那只羚羊。

第二，培养观察能力，使自己善于发现财富，并且有能力把握。

我们会发现，大多数人（包括我们自己，正在读这本书的您）都有创造财富的机会，它们或在某一天不经意间到来，或是我们渴盼已久的命运的恩赐。但是，几乎就是在瞬间，我们又失去了它，没有像期望的那样抓住机会。

原因有两个：1，我们缺乏发现的眼光，机会来了看不到；2、我们没有为机会做好充分的准备，所以当机会降临时，我们表现得茫然失措，不知如何才能把它留住。于是，那些唾手可得的财富便从我们的眼皮底下悄然溜走了。

案例一：

王向阳，一个刚毕业不久的大学生。在一次闲聊中，朋友抱怨冬天用鼠标会手冷，他把这件事牢牢地记在了心里。回到家中，他利用自己的专业知识和简单的技术，对一个普通的手套和鼠标垫进行了改良，通过一个USB接口给鼠标垫加热，从而解决了使用鼠标感到手冷的问题。

随后，他把这个技术以300万元的价格卖给了一家生产厂商，完成了自身财富的原始积累，并创建了属于自己的“创意家居设计”公司。

案例二：

江南春，中国最具影响力的企业领袖，他填补了中国楼宇广告的空白。一次，江南春与朋友去某公司谈生意。他发现，在乘电梯时，大家都不说话，气氛显得异常沉闷，让人感到尴尬不已。

回到家后，江南春一直把这件事放在心上，反复思考：乘坐电梯的时候不能进行其他事情，大家又都不愿意交谈，要怎么样才能避免这种情况呢？

江南春一眼就发现了楼宇广告的空白，于是迅速地开展了自己的楼宇广告业务。凭借这次对市场空白的填补，他的分众传媒飞速发展，并于2005年7月13日在美国纳斯达克成功上市。

穷人不但缺少那种发现财富的眼光，有时还缺乏相应的知识储备。

在第一个案例中，王向阳以其过硬的技术能力，抓住商机，改变了命运。在第二个案例中，这个叫做江南春的人，他乘坐了一次电梯就创造了大量的财富，但是无数的人都乘坐过电梯，有的人每天都是电梯一族，为什么他们没有看到这么巨大的市场？创造财富，既需要机会，同时更需要眼光，还需要我们打好知识的基础，不能临阵磨枪。很多事例向我们证明，眼光的不同，准备的程度不一样，创造的财富也会大不相同。

没有人可以与生俱来就拥有能够发现财富的眼光，这需要你不断观察和总结，调整思维方式，培养自己潜意识的发现力。最基础的第一步，是你要参考那些富人是怎么做的，拿他们的经验和思路来做参考。你可以不走他们走过的路，但你必须知道他们是怎么走过去的。

第三，摆脱暂时利润的迷惑，着眼于更长远的收获。

只盯着脚下的芝麻，你就很难看清远方的西瓜。谁都想赚钱，但不代表就要变成一个饥渴的财迷，把每一分钱都吞下肚，不舍得吐出来。只啃眼前的树皮，你就忽视了整座森林。目光短浅的人同时也是“短期利润”的吸血鬼，他们看不到长远的发展，缺乏远景布局能力，其实是潜意识中对于未来没有信心的表现。所以这样的人容易被当前的蝇头小利吸引，做出因小失大的事情来。

五六年前，广州的服装制作厂突然增加了很多。这些工厂主要靠承接外国订单过活。当时，粤都公司可以算是当地数一数二的厂商，在它旁边还有一个不知名的奇玉公司，实力比起粤都差了很多，在它面前完全没有竞争能力。

在同一时间，日本和美国的品牌都要找粤都加工服装，日本方面下了三十五万元的订单，美国厂商则是十万元，如果做得好，以后长期合作会有每年百万元以上的订单。但粤都则看中了眼前日方的三十五万元订单，认为美国厂商是为了让他们加工这十万元的订单而许的空愿，所以他们回绝了美国厂商的订单。当然最后粤都也顺利地得到了35万元的订单。

奇玉公司听说粤都放弃了美国的订单，他们立刻做出决定，推掉国内的许多小订单，全力争取到了美国的订单。他们按时按量按质地完成了订单任务，美国的品牌厂商非常满意，在后来的五年把所有订单都给了奇玉。依靠美国厂商的大量订单，奇玉飞速发展，每年都能接到上千万元的订单，短短两年，就全面超越了粤都公司，最后还把它收购兼并了。

上面这个例子告诉我们，有时为了赚到很少的一点钱而扔掉未来的巨额财富的蠢事，不是没人做过。现实里正在做这些蠢事的大有人在，他们太渴望落实惠，更计较今天能不能多赚一美元，而不是未来可以赚多少。

不管做人和做事，我们都要往长远看，使自己具备长远目光，不要纠结于眼前小利，特别是对于工作来说。有时你会发现，可能这份工作现在的薪水较多，但它却缺乏良好的未来发展空间；另一份工作虽然薪水少，未来却很有前途。你会怎么选？相信你能做出聪明和正确的选择。只有放长线，才能钓大鱼。这是人生的十字路口，一念之间，你可能是将来的千万富翁，也可能是极为平庸的工薪一族，完全取决于你是在乎短期利润，还是远景回报。

穷人总是走一步看一步，于是他永远只有一条路可以走；富人则走一步看十步，所以今天做出的决定，已经在未来给他存下了一笔“巨款”。正因穷人和富人的这种思维差距，他们之间的财富差距也越拉越大。

穷人需要向富人学习，最要紧的不是赚钱能力，而是对待财富的眼光，使自己具备长远的眼光，建立敢于追逐未来的信心，在潜意识中灌输毫不动摇的信念，学习他们的经验，使自己拥有富人的思维模式，才能赢得未来。

在意大利的一个小村子里，有两位年轻人，一个叫做柏波罗，一个叫做布鲁诺。他们是堂兄弟，两位年轻人从小就是要好的伙伴。他们都有雄心勃勃的梦想。

他们常常没完没了地谈论，他们都认为自己很聪明而且很勤奋，渴望自己有机会成为村里最富有的人。机会终于来了。村里决定雇两个人把附近河里的水运到村广场的蓄水池里去。村长把这份工作交给了柏波罗和布鲁诺。

两个人各抓起两只水桶奔向河边，开始了他们辛勤的工作。一天的时间过去了，他们把村广场的蓄水池装满了。村长按每桶水一分钱的价钱付钱给他们。

布鲁诺大喊着：“我们的梦想终于实现了！我简直不敢相信

我们的好运气。”但柏波罗却感到自己的背又酸又痛，提水桶的手也起了泡。他害怕每天早上起来都要去做同样的工作。于是他发誓要想出更好的办法，将河里的水运到村子里去。

第二天早上，当他们抓起水桶往河边奔时，柏波罗说：“布鲁诺，我有一个计划。一天才几分钱的报酬，而要这样来回提水，不如我们修一条管道将水从河里引到村里去吧。”

布鲁诺愣住了。

“一条管道？谁听说过这样的事？”布鲁诺大声嚷嚷着，“柏波罗，我们有一份很棒的工作。我一天可以提一百桶水。一分钱一桶，一天就是一元钱！我是富人了！一个星期后，我就可以买双新鞋。一个月后，我就可以买一头母牛。六个月后，我可以盖一间新房子。我们有全镇最好的工作。我们一周只需工作五天，每年有两周的有薪假期。我们这辈子可以享受生活了！放弃你的管道吧！”

但柏波罗并不是容易放弃的人。他耐心地向他最好的朋友解释这个计划，但布鲁诺却认为他的计划不会成功。柏波罗只能一个人去做，他白天将一部分时间用来提桶运水，用另一部分时间以及周末来建造管道。他知道，在岩石般坚硬的土壤中挖一条管道是很艰难的。他的薪酬是根据运水的桶数来支付的，他知道他的薪酬在开始的时候会降低。而且他相信自己虽然现在还很穷，再等一两年，等他的管道产生可观的效益时，他就会成为一个富有的人。柏波罗相信他的梦想终会实现，于是他就开始动手去做了。

布鲁诺和其他村民开始嘲笑柏波罗愚蠢的做法，称他为“管道人柏波罗”。布鲁诺赚到比柏波罗多一倍的钱，在人们面前炫耀他新买的东西。他买了亮闪闪的新衣服，在乡村饭店里吃可口的食物；他买了一头驴，配上全新的皮鞍，拴在他新盖的二层楼旁。村民们称他为布鲁诺先生。他没事时就坐在酒吧里，人们为他所讲的笑话开怀大笑。

当布鲁诺晚间和周末睡在吊床上悠然自得时，柏波罗还在继续挖他的管道。头几个月，柏波罗的努力并没有多大进展。他晚上和周末都在工作，很辛苦但他不断地提醒自己，明天梦想的实现是建造在今天的牺牲上面的。日子一天一天过去了，他继续挖，每次只是一英寸。他一边挥动斧子，打进岩石般坚硬的土壤中，一边重复着这句话：一英寸变成了一英尺，然后十……二十……一百尺……

每天完成工作后，筋疲力尽的他跌跌撞撞地回到自己简陋的小屋时，他就提醒自己：“短期的痛苦等于长期的回报。”他通过设定和达到每天目标来衡量工作的成效。他深信，终有一天，回报将大大超出付出。

“目光盯在回报上。”每当他慢慢入睡，耳边净是酒馆里村民的笑声时，他一遍遍地重复着这句话，“目光盯在回报上，总有一天会时来运转。”

时间一天天地过去了。有一天，柏波罗意识到他的管道完成了一半，这意味着他只须提桶走一半路程了！他继续建造管道。完工的日期终于越来越近了。

柏波罗在休息的时候，他看到他的老朋友布鲁诺还在费力地运水。布鲁诺比以前更加的驼背。由于长期劳累，步伐也变慢了。布鲁诺很生气，闷闷不乐，好像是在为他自己注定一辈子要运水而愤恨的样子。

布鲁诺开始花较少的时间在吊床上，却花很多的时间在酒吧里。当他进来时，酒吧的顾客都在窃窃私语：“提桶人布鲁诺来了。”镇上的人都在笑话布鲁诺驼背的姿势和拖着脚走路的样子。布鲁诺也不再买酒给别人喝了，也不再讲笑话了。他宁愿独自坐在漆黑的角落里，被一大堆空瓶所包围。

最后，柏波罗的管道终于完工了，村民们簇拥着来看水从管道中流入水槽里：因为这个村子源源不断地有新鲜水供应了。附近其他村子的人也都搬到这个村子来，村子顿时繁荣起来。

管道一完工，柏波罗就不用再提水桶了。无论他是否工作，水都在源源不断地流入。他吃饭睡觉时，水在流入。当他周末去玩时，水也在流入。流入村子的水越多，流入柏波罗口袋里的钱也越多。

于是，管道建造者柏波罗的名气大了，人们都称他为奇迹创造者。政客们称赞他有远见，恳请他竞选市长。但柏波罗明白他所完成的并不是奇迹，这只是一个很大很大梦想的第一步。其实，柏波罗的计划大大超越了这个村庄。柏波罗还计划在全世界建造管道。他还准备招募他的朋友帮忙。管道的建立使提桶人布鲁诺失去了工作。看着他的朋友向酒吧老板讨免费的酒喝，柏波罗心里很难受。于是柏波罗决定与布鲁诺会面。

“布鲁诺，我想请求你的帮助。”

布鲁诺挺起腰，眯着他那无神的眼睛，声音沙哑地说：“你别挖苦我了。”

柏波罗说：“我不是来向你夸耀的，我是来向你提供一个很好的生意机会。建造第一条管道花了我两年的时间。在这个过程中，我学到了很多。我知道使用什么工具、在哪里挖空、如何排管。而且一路上我都做了笔记。我开发了一个系统，能让我们建造另一条管道，然后再一条接一条……”

“我自己一年可以建一条管道。但这并不是利用我的时间的最好方式。我想做的是教你和其他人建造管道，然后你去教其他人，直到管道铺满本地区的每一个村落……最后全世界的每一个村子都有管道，我的目的就达到了。”

柏波罗继续说：“我们只须从流进这些管道的水中赚取一点很小的比例。越多的水流进管道，就会有越多的钱流进我们的口袋。我所建造的管道不是梦想的结束，而只是开始。”布鲁诺终于明白这幅宏伟的蓝图，也明白了柏波罗的良苦用心。他笑了，向他的老朋友伸出了粗糙的手。他们紧紧地握住了对方的手，像失散多年的老朋友那样拥抱在一起。

时间过去了很多年，柏波罗与布鲁诺已退休多年，他们遍布全球的管道生意每年把几百万收入汇进他们的银行账户。当他们到全国各地旅游时，遇到那些提水桶的年轻人。他们总是把车停下来，将自己的故事讲给年轻人听，帮助他们建立自己的管道。一些愿意听的人，就会立即抓住机会，开始做管道生意，最终都过上了富裕的生活。

无论如何，不具有柏波罗这样远大的眼光是很难留住财富的。穷人本来起点就低，如果再不将眼光放长远，学会动态地看待和管理财富，以及坚持不懈地努力，就更会被富人远远甩在后面。可以肯定的是，急功近利的心态和经常变化的立场，常会使我们难以建立起自己的长赢渠道。

有一位房地产的老板曾经对我说，为什么中国的建筑设计行业现在没有伟大的作品，因为中国的设计师很容易改变自己的立场。一个方案，开发商让他怎么改他就会怎么改，生怕给自己发钱的老板不满意，然后他就拿不到这笔钱了。但是国外的设计师，尤其那些著名的建筑师却很固执，他宁肯扔掉马上到手的这单生意，也绝不轻易地改变自己的理念，一个细节的改变也不行。

看似中国设计师赚到了快钱，外国的建筑师一两年没有一单生意。但结果却是，中国的设计师将自己降到了商人的水平，为了一点钱，设计出的大部分是粗俗和平庸的垃圾作品，而外国的建筑师却持之以恒地创造了近于完美的作品，数量不多，但给他带来了巨大的名气和高额的报酬。

这位房产商说，作为同行，外国设计师的收费几乎是中国人的十倍。这就导致了一个恶性循环：外国设计师因为要价高，回报高，所以更加在意作品的质量而不是数量，他们有足够的时间和耐心去仔细地设计，追求艺术高度；中国设计师因为收入低，没有眼前的这单生意就有可能饿死，总是在为了最基本的生存而奋斗，就越发地不得不屈从于老板用金钱堆砌出来的意志。他们从来不敢提出自己的建议，不敢坚持自己的观点，为眼前小利出卖了艺术。

穷人就是这样炼成的，贪图小利，忽视长期布局，慢慢地就使自己受制于人。穷人迫于生计，在很多时候只能妥协。在无穷无尽的妥协中，他不停地收入一些小钱，勉强养家糊口，每次的收入都只够本月之用，不停地拼命工作，一直穷下去。也就是说，在眼光和思维方面贫穷的人，他们很难真正突破自己的阶层定位。

投资的勇气与理性

每个人都渴得获得最快速的财富积累，但这通常要你冒最大的风险，投资就必然面对风险，所以需要勇气。如果你在风险面前总是受到别人的影响，因为害怕或受到了诱惑，就放弃自己的见解，变得没有勇气或失去理性，结果一般都是可以预见的，大多数情况下你都将与财富失之交臂。

在勇气和理性方面，股神巴菲特无疑是这个星球最具代表性的人物。比如在1972年，多数华尔街的投资者疯狂地关注那些成长型的股票，像施乐、柯达、雅芳等。人们认定它们将带来上帝的福音，无穷的财富。但是巴菲特在干什么？他展示了自己足够的勇气和理性，反其道行之，买下了另外两只股票：一只是威尔斯法戈，另一只是西斯糖果。

时间只过了一年，就证明了他的正确。这一年，之前人们看好的那些成长股像从悬崖上掉了下来，一路狂跌，只有巴菲特购买的那两只股票没有受到这次股市狂跌的任何影响，他狠狠地赚了一笔。

巴菲特对于自己的“勇气”做了一番总结：“只有在海水退潮时，我们才知道到底谁光着屁股”。他总在人们恐惧时入场，在人们贪婪时退场。这不仅需要勇气，更重要的是理性。

他说：“投资当然需要勇气，但是在具有勇气的前提下，你还要有投资领域的专业知识。你必须在了解一件事情的情况下，才能做出自己的投资决定。”

换句话说，理性的意识要求我们，如果你不懂一件事，就不要参与。就像巴菲特从不涉及电子股票，因为他觉得自己并不精通这一领域。对我们来说更是如此，如果你去投资自己不懂的领域，去做自己不了解的事情，无异于盲人摸象，很难做出正确的判断。

我在一次财务亏损时，曾试图短期投资一些热门股票以融到所需资金，并为此制订了一份野心勃勃的计划。当时华尔街股市火得一塌糊涂，许多人在那里正发着大财。证券顾问告诉我："老板，美林银行的金融工具值得投资，我们可以用公司的部分资产做抵押，贷一笔款项出来，半年的周期可预计的收益将超过40%，完全能够解决公司的资金周转。"

巨大的收益让我动心了，因为我身边的许多朋友都通过这种方式获得了成功。在利益的诱惑下，勇气是廉价的。我一夜无眠，很想也这么做。但是我的合伙人制止了我，他告诉我ONG公司从事的事业与股票投资的本质区别，警告我如果失去理性，丢掉的将不仅是公司的经营宗旨，我们这个团队的信仰，还有一以贯之的理性精神。

他说："即便你这次取得了成功，解决了公司的资金需求，这次的非理性冒险也会为我们今后的事业埋下隐患，早晚会栽在上面，我的伙伴！"

经过审慎的考虑，我听从了他的建议，终止了这份投资意向。让我预料不到的是，两个月后，美林银行的危机就爆发了。我庆幸没有被冲动主宰了自己的头脑，使得ONG公司陷入一场万劫不复的灾难。

但是，从另一方面来说，勇气又是一种大无畏的精神，敢于拿出自己的血本去做出冒险的决定，只有具有健康心态的人才会有健康和积极的勇气。因为老实人总是瞻前顾后，害怕跌倒，所以永远跑不快。他们惧怕丢掉已经拥有的财富，宁可做一名守财奴，也不敢去做出决定。

当然，这很好理解，在潜意识中，规避可能发生的任何风险是我们人类的天性。可在今天的社会，在竞争越来越激烈的环境中，不冒险反倒成为了最大的冒险。每个人都需要勇敢的品质，像战士一样面对财富，成为它的主人而不是奴隶。所以如果一个人不具备健康的心态和拿得起放得下的胸怀，是很难勇敢前进的。

我们可以列举一组生活中常见的对话，说明什么是盲目的勇气。

“股票会不会跌？”

“不知道。”

“什么时候会上涨？”

“不知道！”

“能买哪一只股票？”

“不知道！”

“你什么都不知道，还敢于投资，是不是太冒险了？”

“当你什么都知道、都弄清楚了的时候，投资理财成功的机会早已不属于你了，因此，你必须在以上所有问题都不知道的情况下投资理财，才能成功。”

需要注意的是，我们并不会鼓励盲目的投资和无目的的冒险，就像我之前所举的ONG公司的例子。因为我们所有的潜能培训提供的只是建立在一种稳定的心态基础上的勇敢精神，而不是像赌徒一样输红了眼地孤注一掷。

虽然每个人的未来都充满着无法预测的风险，但有一点我们必须坚持，长期来看，对于财富的赢利性投资，总是高于银行存款的。你只要明白了这一点的正确性，就会知道承受风险的必要性。那些缺乏勇气和害怕风险的老实人，他们无一例外地都会与财富擦肩而过，正是因为他们只有守成之心，没有勇敢的胆魄。

这些人的潜意识，一般具有几个共同点：

一、看到过很多赔钱的人，认为投资和做生意是一件可怕的事。

二、对风险充满恐惧感，害怕失去到手的东西。

三、虽然也想赚钱，但总是在盼着一本万利甚至无本万利，期待馅饼自己送上门。

理性的品质对于潜意识的要求则是，你必须能够随时认识到自己的错误，这才是一名成功者的过人之处。正如索罗斯说过的：

人们往往被我的常胜的过去所误导。对此我可以毫不介意地说，我和其他人犯了同样多的错误，此中没有特殊。但我觉得，我的过人之处在于能认识自己的错误并加以改正，这就是我成功的秘诀。我获得的最重要的洞察力就是认识到人类的认知具有必然的不正确性。

对于事物客观的认识和理性的自我分析，使得这位投机大师始终保持着理智，因此无论是赢利还是亏损，他都可以冷静地思考问题，妥善地做出决策，在勇气和理性之间保持了非常完美的平衡。

就像这十几年，我的成功一直在不断地提醒我，人的判断力是有局限的，所以当你有财富在手，一定要丢掉幻想，不要觉得自己是全能的。你要依靠客观的事实做出决定，而不是完全遵从于内心的欲望。

在临界点悬崖勒马

当人们为了追索永无止境的财富，兴奋狂热地不肯停下自己的脚步时，很多理智的人早就改变了策略，从这支充满盲从者的队伍撤出，站在一边看风景。确切地说，是看这些人的笑话。

能够停下来的人，我称他们为理性意识的主人。当你追随这本书开始研究人类的阶层之分时，你会发现并明白这一点。阶层的分裂通常体现在只有少数人知道何时止步，他们明智地看清了积极与贪婪的临界点；而多数人很不幸地沦为潜意识的奴隶，听从财富的诱惑与召唤。

我经常想象到此类情景，这是世界上正在发生的：数以亿计的人类双手挥舞，一边狂跑，一边拼命地喊着："钱，那都是我的钱，一切都是我的！"穿越河流，争先恐后地向山上爬去，然后义无反顾地掉到山底，摔得粉身碎骨。后进者前仆后继，很少有人刹住车，从危险之地退出。

财富就像一团火，燃烧在我们的内心深处。想驾驭住它，不但需要足够的容纳它的空间，这需要你的学识、判断力、积极的欲望等正面的条件；你还需要果断的理性和临渊不动的定力，这是让你成为自己的心灵主人的必要条件。

在澳大利亚，有一片草原，那里的草长得特别肥美，所以那里的羊群繁殖得特别快。当然，当羊群繁殖到一定的程度，就会出现一种看似奇怪而又必然的现象了：前面的羊群总能够吃到草，因为它们走在最前面，是首先接触到鲜草的。这让后面的总是只能吃剩下的草的羊很不爽，于是后面的羊群在前面羊群吃草的时候，就会拼命地跑到队伍的前面。这很自然，羊群为了争夺食物，都不愿意落在后面，纷纷向前冲，场面十分壮观，它们都朝着一个方向不停地奔跑，只要前面有草。就算草原的尽头是一处悬崖，它们也不会停下脚步，哪怕到了悬崖的边缘也全然不去理会。于是，整群羊一只接一只地往悬崖下跳。

羊的贪心只是多吃一点鲜草，但最后的结果却是，失去了性命。它们让欲望吃掉了自己，从而对于悬崖的出现失去发现与判断的能力。

当贪念开始升起时，别忘了提醒和警告自己，因为贪念会把你带到悬崖边。

聪明人会在别人贪婪时恐惧，而在别人恐惧时贪婪。这正是巴菲特的财富理念，同样值得我们学习。在财富面前，每个人的情绪往往都比理性更为强烈，人们的潜意识被财富的增长曲线控制，因贪婪而前进，因恐惧而后退。他们大多数人不知道临界点在哪儿。所以，千万不要急功近利，你要做一个理性的人，警惕贪念突然壮大，把你带向毁灭的山谷。

抱着投机和功利心态的人不会长久获利。

许多在股市赚钱的人问我一个问题：“我应该如何对待那些价格的涨跌？遵从内心的引导吗？”他们错误地理解了潜能培训中对于内在欲望的解析。他们觉得，不管做什么决定，只要跟着内心走就行了。于是，他们投机和功利，缺乏长远眼光。

正确的做法是，培养自己强大的心灵——不去关心当前的收益，而是注重发现那些真正赚钱的“价值”。就像巴菲特做的那样，他从不关注现在股价涨跌的差价，而要去评估公司股票内在的价值，寻找那些价格明显低于价值的股票，然后低价买入，长期持有，直到价格完全回归于价值。他总在根据价值进行决策，所以他是在积累财富，而不是为了钱去做投机行为，这才是真正的投资。

巴菲特知道临界点在什么地方。在我看来，他根本不是股市中人，虽然他经常买股票，并主要通过股市获利。他对财富的理解，使他成为了一名货真价实的伟大的企业家，实业投资家。

这才是聪明的财富原则，让自己懂得控制风险，在吃到鲜草之前，确保自己不要掉进悬崖。所以当你试图积累财富时，会发现明确临界点比追逐赢利更来得务实。不要拿自己全部的资金，去冒险追求自己根本不需要的金钱。

有一位天使，他要去寻找一处歇宿的地方。这时他发现自己的面前有两家人：一家是财主，有着高大华丽的房子；一家是穷人，房屋很是简陋。天使去敲第一家的门，财主推门一看，就从客人的头顶打量到脚底，见他穿着破烂不堪的衣服，认为他口袋里并没有钱，就摇摇头说："我不能留宿，我的房子堆满了五谷，你还是到别处去借宿吧。"

天使转身走向穷人的房子，穷人出来欢迎，热诚款待，天使喜出望外。主人又烤了一些马铃薯，拿了一些牛奶，邀请天使一同吃饭。第二天天没亮的时候，天使对这家主人说："你们这样具有怜悯心又足够虔诚，可以向我要三样非常愿意要的东西，我一定会成全你们的愿望。"穷人回答说："唉！若叫我说，有什么东西能比永远活着更好呢？其次就是叫我们在活着的时候，有健康，有力量，并有每天所需要的饭食。第三，要一座新房子代替我们的旧房子。"

于是，天使便把他们的旧房子变成了一座新的，然后走出门外。天亮以后，财主起身往窗外一看，看见邻居的旧草房变为漂亮的洋房，于是叫起他的妻子问道：“告诉我！这是怎么一回事，昨天对面还是一间茅草棚，今天怎么成了一幢美丽的新房子呢？赶快去问问这是怎么回事！”妻子跑去问穷人，穷人就把昨晚有客人投宿的事说了一遍。财主听了立时喊道：“要是我晓得是这样，一定叫他到我这里来过夜。”妻子催他说：“赶快，骑上你的马，或许能够追上他。”财主很快追上了天使，柔声地对天使说：“昨晚我是进去找门上的钥匙，你就走了，不是不招待你。你今天回来吧，我很欢迎你多住几天。”天使答应了，财主就乘机请求天使应允给他三样东西，天使回答说：“可以的，但是对你没有好处，还是不要的好。你如果一定要，我也会给你。”

财主骑马返家，走在路上就在考虑要些什么。当他正想着的时候，缰绳突然松了，马跳起来，财主被马颠得非常厉害，不能专心想他的问题，最后他不耐烦地说：“该死的东西，我巴不得你的头颈断了。”话音刚落，马头就落到地上，他的第一个愿望已经实现了。财主的天性贪婪，哪里肯把马鞍留下，于是就背在背上走回家去。在路上走的时候，太阳晒得他很难受，他便恼怒生气起来；鞍子压痛了他的背脊，他还没有决定他该要什么。有好几次想好了他所要的，可是马上觉得那个未免太少了。他又想到妻子真是太惬意了，坐在家里舒服地乘凉，想到这里他非常愤怒，就不知不觉地大声说道："巴不得她坐在这个马鞍上，永远下不来，好叫她尝尝这种滋味。"果然，马鞍向着家的方向飞去，到家之后，他的妻子坐在马鞍上下不来，直哭叫着"救命"。财主不得已，只好把第三个愿望花费在让妻子脱离马鞍之上。贪婪的财主最后毫无所得，徒受了一场虚惊。

在这个故事中，天使给了穷人和富人同样的机会，但是他们两人却从中得到了完全不同的结果。故事中的这个穷人之所以最后过上了好日子，是因为他能够控制自己的需求，只要有一所新房子和健康快乐就能让他满足了。他知道临界点在什么地方。但那个富人，却因为自己的贪得无厌，最终葬送了自己的幸福，一无所得。

事实正是如此，面对财富，如果你过度贪婪，人心不足蛇吞象，恨不得吃光面前所有的鲜草，那就只能无可救药地成为财富、物质和功利思想的奴隶。甚至当你跑得太快时，会快到来不及思考就掉下了悬崖，被财富的深渊彻底吞噬。

构筑一条安全的资产链

当你开始懂得资本的概念并对管理自己的钱产生需求时，你会想些什么？有一次我问合伙人这个问题。他毫不犹豫地回答我："保值和增值。"不会有人回答错，是吗？尽人皆知。如果你手中有一些钱，你首先要将它保护好，然后再考虑增值的问题。

但是，当你查看自己的银行账户，你是否发现了一些让你遗憾的东西？比如，你只有存款，没有任何一项投资，甚至没买过一份保险；你将全部的钱都放到了某一项自以为能赚钱的事业上；你不知道资产的安全性是什么；你甚至缺乏对于安全理财的认知。

你有一亿美金和一百美元所面临的问题是相同的，你需要一条安全的资产链，使自己的钱不会贬值而且越来越有钱。所以我们看到在保险公司的贵宾客户名单里，那些买高额保险的客户一年比一年多，在银行的基金账户中，进入的社会资金也与日俱增。

那么，与穷人相比，富人往往喜欢如何理财？成功者理财的观点跟普通人最大的区别，有时你根本就想不到。因为他们最看重的是安全，而不是升值。穷人更想怎么赚钱，结果丢掉手里的一百美元；富人先买了一把锁，最后他的一亿美金变成了十亿。

对“安全”的理解不同，看待财富的切入角度不一样，造就了这样的差距。

资产安全永远是第一位的。

相对于普通人，富人在投资的时候更重视长期的稳健和资金安全。他们很少盲目出击，如果没有三分之二以上的把握，他们可能一步也不会迈出；有了九成的成功概率，他们也要再次检查一遍自己的准备情况是否充足，才会果断出击。如果准备不足，他们宁可退回原地，也不会冒着赔钱的风险去当一名两眼一抹黑的战士。

但是穷人不同。我有一位朋友，他算是我的发小。我们一起在内地的海边小镇长大，对他的情况我十分了解。

前年，他融到了三百万元的创业资金，准备大干一场。开始的时候，他走得比较谨慎，拿出十分之一的钱，在义乌投资了一间工艺品公司。不到半年就赔了一个干净，还欠了几十万。还清债务之后，他当然进行了反思：我为什么赔钱？这是一个必须想清楚的问题，所以他苦思了几个月。

不幸的是，朋友得出了相反的观点：我投入的力度还是太小了！必须找到一个风险高但是收益也高的项目，一次性投进去，才能赌赢！

过了两个月，他联合一位在美国做过风险投资的人，在国内做起了天使资金计划，就是寻找有潜力的大项目，给他们出钱，然后收取高额回报。他的眼光还是可以的，找到的那个项目，是在南方替一家政府企业作融资服务，是与官方合作的在三亚的一个房地产项目。

他将全部的钱都投了进去，然后静候佳音。一年后，结果出来了。三亚的商业房价格虚高，突然泡沫破灭，很多跑过去想捞一票的投机商都亏得血本无归——我的朋友也没有例外。

我经常接到一些人的问题："给自己的钱增值，是不是看什么收益高就去做什么呢？"

每当这时，我就会把这个例子告诉他。收益高的项目当然会带来很高的回报，让你一分钱变成十几块。但如果同时具有高的风险呢？财富的积累目的，是为我们获得更高质量的生活，而不是将自己未来的人生置于随时都可能破产的危险境地。

也就是说，当你拿着一笔钱准备让它升值时，第一个要求应该是安全性，而不是回报率。

把鸡蛋放在不同的篮子里。

这是一个关于资产配置的概念。到底什么叫做资产配置呢？在名著《堂吉诃德》中提出过这么一个观点：“不要把所有鸡蛋放在一个篮子里。”鸡蛋都放在同一个篮子里，万一篮子摔到地上，所有的鸡蛋都会碎掉。

在理财领域，这个观点要求我们，将自己的钱分别放入不同期限、不同风险的投资项目当中去（比如股票）。尤其对于钱不多的人来说，能保证即便摔掉了几个篮子，也至少能让你保住其中的一个篮子，为自己留下翻盘的本钱。

并非所有的人都认可这个观点，我的许多客户就对我说：“高先生，你看，我的钱本来就不多，只有区区几十万，我怎么分开呢？难道一只股票只买几万块？一家企业只投几千块、投上几十家？跟大富豪我比不起，我还不如索性赌一把，全部的钱全扔在一个篮子里得了。”持这样想法的人在我们身边比比皆是，他们因为太渴望一次战役打赢整场战争，进入了理财的一个误区。

积累财富的本意就是为了规避投资的风险，一个基本原则就是，我们必须在风险可控的情况下让自己实现收益的最大化。如果违背了这一原则，任何财富增值的方案都是不可信的。对于你来说，钱的多少并不重要，重要的是你现在所处的人生阶段：你对于财富的需求是什么？如果你输掉这些钱也没什么，完全当成一种游戏，那我们没话说，你不需要考虑风险；但如果这是你全部家当呢？或者你想赚些钱为自己买套房子，只能赢不能输，因为这本来就是你和妻子十几年的积累，那你就要抛弃激进的思想，让自己稳健一些。

我们的资产如何组合才最为合理？

第一步，我们需要对自己的资产进行分类。

通常，我们可以简单地把资产分为两类：一类是实物型的资产，比如房子、车子和公司的设备等；另一类是金融型的资产，像股票、债券、基金和其他一些虚拟类的金融投资。

第二步，我们需要依据自己的特点进行资产的分配。

在这其中，像年龄、风险偏好和投资目标等都属于个人特点，也是很重要的参照指标。年纪小、负担轻和对于风险的承受能力较强的人，他们可以归类于积极型的投资者，就可以适当地进行高风险的投资。其次是进取型的投资者，他们在保证了自己的家庭日常开支及基本的保障之外，可以考虑进行适当的风险投资。而对于那些年龄大、已经退休的人来说，他们就要选择一些比较稳健的投资方式，尽量回避风险，比如可以购买国债、基金及一些能够保本的理财产品。

第三步，资产配置计划一旦确认，投资理财的介入时机就变得重要起来。

低风险的投资越早介入越好，因为时间的长短对于增值的大小影响非常大。但对于风险高的投资来说，择机而行就极为必要，你要根据不同的市场情况，做出理性的判断，及时地调整投资组合，尤其需要明智地选择介入的时机。

财富的积累与投资，能否对我们的生活质量做出改善，除了投资的手段以外，很大程度上其实取决于我们的内心对于财富的认识和对于生活的期望。永远不要相信财富是必然升值的，不要觉得一旦投资就可以万事大吉了。这往往是人的潜意识的一厢情愿的观念在作祟。你应该根据自己所处的不同的人生阶段，不同的生活需求，制订和调整自己的理财规划，才能实现量的积累和质的突破，拥有你想要的生活。

从外部环境的角度看，关键看的是市场的天气情况，我们的钱和人一样，也处在一个气候随时会变化的环境中。你只有为它们找到一个艳阳高照的好天气，保证没有狂风和暴雨，然后把它们放在篮子里，才能保证它们的安全。

第五章

走出塌陷的人际圈

穷人孤独与自闭的根源

穷人的人际圈是什么样的呢？他们大多喜欢和同类的人在一块，同时也十分排斥与富人的交往——尽管他的内心无比渴望。时间一久，就陷入了孤独与自闭，把自己关在了一间封闭的房子里，虽然想打开一个窗子，看看外面的世界，出去享受广阔的空间，但因为思维模式已经固定了，便迟迟迈不开腿。

许多人在和自己的朋友聊天的时候，都有一个经验。比如对方会向你私下谈论其他一些人：那家伙一点不大气，是个吝啬鬼之类的。你不用感到惊讶，因为这样的人实在太多了，潜意识中强烈地守护着自己的所有“财产”，警惕地盯着外界的每一个人。这种潜意识的心理根源，是因为他们长期的不自信和受到周边环境的影响。

1. 他平时实在太穷了，没有钱或者很难赚到钱；自己在穷人的家庭里长大，交的都是穷朋友，这让他养成了穷人与穷人打交道的习惯。

2. 因为失败的经历太多了，他的潜意识养成了严重的自卑习惯。不管遇到什么事，什么人，他的第一反应都是“我根本不行，我解决不了，我无法说服他……”习惯了对自己说“不”，就只能将自我关在小房间里，走不出来，有时也不想出来。

3. 因为在心理和经济条件上的双重不自信，这让他彻底失去了“交际资本”。由于潜意识里对于展示自己的惧怕，他不敢走出门；因为囊中羞涩，不敢跟朋友联系，不敢参加社交活动，更不敢在富人面前进行对比。

在很多人的潜意识里，阶层意识是很强烈的。虽然大多数富人并不在乎自己的某一位朋友是否具备雄厚的经济实力，但穷人却免不了这样想。所以，客观上造成了这样一个现实：富人总在与富人交往，穷人也总在与穷人交往，然后他们之间老死不相往来。但实际上，只要你拥有足够的自信，你可以大大方方没有丝毫顾忌地去跨越阶层进行人际交往。在这个开放的世界中，人与人之间来往接触不可避免，并不分你属于哪一个阶层。

培养心灵的自信是一个人在交际领域取得成功的第一秘诀。穷人自闭与孤独的根源，恰恰是因为缺失自信。但奇迹是人体内强大的潜意识力量所创造出来的，只要你拥有对于自己和未来的自信，没有什么事情是办不到的，尤其在人际场。别人认可你的最重要的标准，并不是你拥有多少财富，而是你这个人是否如实地表达了自己对于人生的渴望，以及你的内在才华和心灵气场——这些条件都跟物质财富无关。

多年前，有一位叫亨利的美国青年，从小在孤儿院长大，身材矮小，长相也不好，讲话又带着浓重的乡土口音。因此他总是感到自卑，即使是最普通的工作也不敢去应聘，一直到三十多岁还一事无成，他觉得没有勇气继续活下去，多次产生了自杀的念头。

一天，他的一位好友跑过来告诉他：一本杂志里讲，拿破仑有一个私生子流落到美国，这个私生子有一个儿子，他的全部特点跟亨利一样：个子很矮，讲的也是一口带法国口音的英语。亨利半信半疑，在他亲自拿起杂志研究了半天后，开始相信自己就是拿破仑的孙子。此后，亨利因为自己的特殊身份而感到信心百倍，他不再为贫穷、矮小、乡土口音等特征自卑，凭着“我是拿破仑孙子”的积极心态面对生活，不断努力，三年后，他成了一家大公司的董事长。

后来，他派人调查自己的身世，却发现自己其实和拿破仑一点关系都没有。但是，此时他已经不在乎这个了，他说：“现在，我是不是拿破仑的后裔已经不重要了，重要的是，我懂得了一个成功的秘诀，那就是：一个人一旦拥有了自信，就没有做不到的事情。”

缺乏信心是杀伤力最大的贫穷根源。我很理解穷人的这种心理，就像我当年一无所有的时候，不管做什么都缺乏底气。大学毕业后，我面临的第一件难事就是求职。你可能会说："为自己找份工作不是很简单吗？拿着简历去敲开公司的大门就行了。"是的，说起来是如此轻松，但当你看到招聘启事上那一条又一条的严苛要求时，许多人就已经心怀忐忑，还没面试就已做好了寻找下一家的心理准备。

我在大学毕业的第一年，经历了十几场面试失败，都是因为信心的缺乏，使我在有限的时间内没有做到最好：语言组织不流利，表达不清楚，表情不自信，回答问题东错西漏……平时可以很容易就做到的事情，在面试官面前短短的五分钟内，我做得相当不尽如人意。

幸运的是，我经过了一段时期的心理调整，认识到这不过是一些"技术"上的难题，只要多对自己进行训练就可以了，而不是能力不行或者我这个人不够优秀。我能够从潜意识训练的角度去考虑这个问题，但并非所有的人都可以做到或想到。

很多人在遭受初期的挫折后，他们很容易在内心对自己形成一种能力的评定：我很笨，我不可能胜任这件事，我的能力实在太差了！当自卑的思维定式一旦形成，又不能及时调整和从里面走出来，就会关闭心灵的大门，将自己封闭起来。

他会感到孤独：没人理解我，也肯定不会有人对我感兴趣，我怀才不遇，但我的同类很少，这辈子我只能这样了。

同时，他还会发现自己的朋友很少：谁会在乎我呢？我这么无能，当然交不到有价值的朋友，就连一些酒肉朋友也交不到吧？我赚钱不多，领导也不赏识我，人际关系是愁云一片，没有什么希望了。

在这些强烈的自卑意识笼罩下，他把自己归入到了不值得同情的行列，而且他对自己也失去了提升和改变的兴趣，得过且过，自甘沉沦。

可是，睁开眼睛看一看，这些麻烦和问题一旦真的解决起来，却又只需举手之劳。只要你有信心，你就能够移动一座雄伟高大的山。相反，如果你没有信心，就连一根羽毛也无法拿起。

应酬的资本

每个人都需要应酬的资本，你的资本是什么？你需要找到它，把它强化，将它作为你在人际圈的标志。首先，编织和增强自己的人脉网络，我们都需要提高自己的价值，这是我们进行应酬的最大资本。其次，在与人交流的过程中，必须全方位地打开自己的心灵，将心比心，不要将自己关闭在厚厚的大门之内，而是应该怀着真诚的态度去跟每一个人发展关系。

艾柯卡是美国一家著名企业的创始人。早在他创业的开始，他的人际交往能力就显得与众不同——他天生具备敏锐观察每一个人的能力，擅长自然而和谐地与任何人交流。这种优势也促使他在各种各样的社会活动中，都能够如鱼得水，游刃有余，无论在哪里都能成为人群的中心。为此，甚至有人提议让他去竞选总统。

艾柯卡的故事被传得神乎其神，难道他真是举世无双的顶尖级交际天才？或者说他真有着超人般的人际魅力？事实证明，他只是一个普普通通的人，和很多穷人没有多大区别。而他的真正魅力在于，他的社会活动能力几乎无人能及——他在与人相处的时候，不知不觉便将人心之间的距离拉得很近很近。

正如一位多次与艾柯卡打交道的企业界资深人士评价艾柯卡时所说的："艾柯卡的能力足以使会面一次的人终身与他为友。"

从艾柯卡的身上我们能发现什么呢？并不是他有多么强烈的勇气或渊博的知识。他最为骄傲的资本是他拥有一项旁人无法企及的能力：总能很敏锐地观察到别人的需求，然后采取恰当的方式去跟对方接触和交谈。这让他很快从一无所有到功成名就，建立了强大的人脉网。

小贾在北京的律师事务所刚刚开业的时候，因为刚到北京，而且他的资金也周转不过来，连一台传真机都舍不得买。凭借他超人的交际能力，业务很快就开展起来了。

在这期间，他接了很多比较棘手的案子，最后都功德圆满。他经常开着一辆掉了漆的夏利车穿梭在小镇间，兢兢业业地做着职业律师。他接触的人来自不同层面，这也让他结交了不少朋友。最后，在这些新结交的朋友们的帮助之下，还不到一年的时间，他的律师事务所就开始扭亏为盈了，最后成为当地非常知名的律师事务所。

小贾的人际资本是什么？是他的敬业和努力的态度。一个人可以没有很多钱，但一定要有认真务实的态度。我们纵观事业有成之人，你会发现他们大多都是朋友遍天下。他有一张良好的人脉网，他还有大量的能够帮他绝处逢生的贵人。对此你很羡慕，不由得抱怨和叹息："我为什么没有呢？"你可能将他拥有的这一切归结于钱的因素，如果这么想你就错了。他能得到这些，并不是靠金钱买来的，而是他自身的努力工作。许多人都有万贯家财，是富二代，但他们的人缘很差，花再多的钱，也买不来有价值的朋友，就是因为他们不务实、不谦虚，只会吹牛、挥霍钱财，不务正业，让人讨厌，成为人际场上不受欢迎的怪兽。

一个朋友最大的价值，来自于他的忠诚、诚实、自信、友好，这些才是衡量一个人的价值最基本的筹码。一个人如果习惯了去诋毁别人抬高自己，心胸狭隘，清高自大，那么我们就可以断定，这个人的身上连最起码的价值都没有。他只能靠钱买一些暂时的关系，与别人形成互相利用的关系，除此之外他不会有真正的朋友。

对穷人来说，与其匆忙地花费大量的精力漫无目的地去认识朋友，不如事先就确定好自己的价值定位，然后针对目标对象进行有针对性的传播。去传播自己的价值，让他们了解你内在的优秀，这比宣传自己的赚钱能力或广播自己有多少钱来得更加重要。

在你人生的每一个阶段，针对自己的能力和目标，都应该有不同的价值定位。比如当你还是学生的时候，你的价值可能在于你学习的成绩很棒，足球踢得特别好，也可能是你很帅，形象非常好，大家也愿意跟你在一起；当你工作以后，你是一个电脑专家，或者在某些领域很有见解，拥有极强的理论和策划能力，你能够给别人出谋划策；或者你是媒体专家，你的性格很谦虚，别人跟你在一起时感觉非常愉快，这都是你的人际资本，是你为人的价值所在。

不管你是穷人还是富人，提升自己的人脉，关键就在于寻找和建立自己的内在价值，提升潜意识的自信，并把自己的价值传递给更多的朋友。

1. 让自己成为一个有用之人。

你要知道，人与人之间最根本的性质，是源于人的互惠、互助和互利。没有任何实际意义的交往，将很快消失掉。一个人能和你保持长期的密切来往，一定有着某种利益关联或者以某种情感需求为纽带。如果你连这种最基本的价值都没有，就不会拥有太好的人缘。

2. 在帮助他人时不要苛求回报。

这是建立和培育我们的人际关系网的基础。你在潜意识内，对于他人不要怀有太功利的要求。当你帮助对方时，可以设计一个远期回报，但千万不要急着说出来。你要表现得热心、无私，这是建立良好关系的有效起点。从长远来看，一定会有回报的，但未必就在眼下。

3. 提升自己的内在魅力，突出性格优势。

少拿钱说话，哪怕你再有钱。要让自己变得令人愉悦，这将让你拥有更多的关系资本。在交朋友时，你要超越出身、阶层和年龄的局限。你要用自己的性格打动对方，用内在的魅力让人们佩服，而不是钞票。

4. 从小事着手，关心他人。

在生活和工作中，建立紧密关系的基础，通常是一些小事，而不是大的事业。把细节做好，永远不要忽视那些小节。比如，你需要及时回复朋友的短信，而且每次联系，总要以自己的回复作为收尾；答应对方的事情，你要及时兑现等。在平时，不管小事大事，你凡事都要多替他人着想，使自己善解人意，并将这些优点变成一种习惯，成为自己潜意识中的本能和生活的常态，根本不用刻意表现就能做到。

5. 建立一个互相协作的好的工作平台。

工作和生活中的双重朋友，通常是最稳固的，这样的友谊关系的价值也最高。所以，重视因为工作环境而快速形成的人际关系链，保证你们可以在工作中互相协作，并让彼此在生活中相互帮助。

6. 互相之间多做事情，使彼此互相依靠。

朋友一定要多用，不要把关系高置在架上从而蒙上灰尘。关系不能收藏和观赏，一定得用起来。一些原本很亲密的关系，经过几年不联络之后，也会慢慢地淡化成陌生人。所以要多和朋友进行互动，请他帮忙，或给予他一些帮助。流水不腐，互动起来的关系，意味着你们互相依靠，这样才不会消亡和退化。

找到最宝贵的人际资源

卡耐基说过："和谐的人际关系是一笔宝贵的财富。"那么，我们怎样才能拥有这笔财富？一个人想快速地改变自己的阶层身份，有时只靠自己的力量是无济于事的，单枪匹马战斗，更多的结果是你一辈子都在势单力薄的困境之中苦苦挣扎，无人理睬。最后，你只能感叹一句："这就是命运的安排啊。"

但事实并非如此，这两种发生在我们身上的截然不同的命运，其实是可以相互转化的。你应该注意开拓一些最宝贵的人际关系，也就是人们常说的"贵人"：这个人应赏识你的才华，理解你的内心，能够与你建立心灵的链接，认可你的价值，然后毫不保留地帮助你。

当然，在这个过程中，许多人明白这个道理之后，却表现得急功近利，他们一心想结交现在的贵人，比如那些有钱的大富豪，或者是有权力的官员。然而却屡屡碰壁，不得其门而入。而真正有眼光的人，他们会去结交那些暂时没有发达却很有潜力的朋友，在他们困难的时候站出来，扶上一把，然后在未来得到非常大的回报。

案例一：

有一位名叫阿瑟·华卡的农家少年在杂志上读了某些大实业家的故事后，非常希望知道得更详细些，并希望得到他们对后来者的忠告。有一天，他就跑到了纽约，也不管几点开始办公，早上7点就到了威廉·亚斯达的事务所。高个子的亚斯达开始觉得这个少年有点不讨人喜欢，然而一听少年问他："我想知道，我怎样才能赚得百万美元？"他的表情便柔和起来，竟和少年交谈了一个小时。随后亚斯达还告诉他该去访问的其他实业界的名人。

华卡照着亚斯达的指示，遍访了一流的商人、总编辑及银行家。

在赚钱这方面，华卡所得到的忠告并不见得对他有所帮助，但是能得到成功人士的赏识，却给了他自信。他开始仿效他们成功的做法。

又过了两年，这个二十岁的青年，成为当时他当学徒的那家工厂的所有者。二十四岁时，他成为一家农业机械厂的总经理，为时不到五年，他就如愿以偿地拥有百万美元的财富了。这个来自乡村粗陋木屋的青年，终于成为银行董事会的一员。

华卡在活跃于实业界的六七年中，实践着他年轻时来纽约学到的基本信条，即：多与成功人士交往。从而改变了他的命运。

案例二：

哈维·麦凯从大学毕业那天起就开始找工作。当时的大学毕业生很少，他自以为可以找到最好的工作，结果却徒劳无功。好在哈维·麦凯的父亲是位记者，认识一些政商两界的重要人物，其中有一位叫查理·沃德。查理·沃德是布朗比格罗公司的董事长，他的公司是全世界最大的月历卡片制造公司。四年前，沃德因税务问题而服刑。哈维·麦凯的父亲觉得沃德的逃税一案有些失实，于是赴监狱采访沃德，写了一些公正的报道。沃德非常喜欢那些文章，他几乎流着泪说："在许多不实的报道之后，哈维·麦凯终于写出了公正的报道。"

出狱后，他问哈维·麦凯的父亲是否有儿子。

"有一个在上大学。"哈维·麦凯的父亲说。

"何时毕业？"沃德问。

"正好是需要一份工作的时候。他刚毕业。"

"噢，那正好，如果他愿意，叫他来找我。"沃德说。

哈维·麦凯如约而至。不想招聘变成了聊天，沃德兴致勃勃地聊起了与哈维·麦凯父亲的那一段狱中采访。整个过程非常轻松愉快。

聊了一会儿之后，他说：“我想派你到我们的‘金矿’工作，就在对街——‘品园信封公司’。”

在街上闲晃了一个月的哈维·麦凯，现在站在铺着地毯、装饰得十分考究的办公室内，不但顷刻间有了一份工作，而且还是到“金矿”工作。所谓“金矿”是指薪水和福利最好的地方。

那不仅是一份工作，更是一份事业。四十二年后，哈维·麦凯还在这一行继续寻找那个捉摸不透的金矿，而且成为全美著名的信封公司——麦凯信封公司的老板。

他在品园信封公司的工作当中，熟悉了经营信封业的流程，懂得了操作模式，学会了推销的技巧，积累了大量的人脉资源。这些人脉成了哈维·麦凯成就事业的关键。后来，哈维·麦凯说：“感谢沃德，是他给了我工作，是他创造了我的事业。”

从这两个案例我们可以看到，贵人之所以称得上“贵人”，就是因为它十分稀缺和宝贵，既不会主动跑到你的面前，也不会扮演着天使的角色，在你需要的时候就出现在你的面前。

建立高质量的人脉资源，首先需要我们在内心树立一种积极寻找的观念，放下高傲，拾起谦虚，努力地去寻找。它一直都离我们不远，或许就在我们的亲戚、朋友、同学、老乡、同事、邻居，甚至是对手当中；其次，这需要我们拥有一双可以发现贵人或潜在贵人的慧眼，有很好的判断力，既不可将金子看成沙子，也不可将垃圾视作银山。

如果你能沿着正确的思维和轨迹找到他们，然后和他们建立良好的沟通，就能为自己的成功准备一间取之不尽、用之不竭的宝库。这是穷人改变命运的极好方式，也是富人自我提升和发展的最佳渠道。

第一，“贵人”是你自身付出和积累的结果，从来不是上帝送给你的礼物。

人们在苦痛和坎坷的时候，都会不由自主地这样想：我的那个生命中的贵人在哪里？他什么时候来拯救我？

我能做的只有一个回答：不要渴望上帝给你礼物，要问你自己做得够不够。

人生是一场战争，你只有准备足够之后才有希望取胜，能够帮助你的人，也只会在你准备好了之后才能够出现。因为这个时候，你充足的准备已经让你得到了对方的欣赏和注意，他乐于帮助你；而且，你也已经有了足够的资本去把握对方给予你的帮助。换句话说，你不是烂泥巴糊不上墙，而是只要加点油就能飞上天空的飞机。

不管什么类型的成功，都是你为自己争取到了机会，而不是强者的恩赐。就好比你有了一个项目，想去争取一笔风投。风投公司当然手里有的是钱，他们迫切寻找能赚钱的项目，但他们却不会傻到是项目就投资。被他们选中的项目肯定都有很高的成长性、可行性以及赢利的前景。

此时，你要做的不是去哀求他们，而是把自己变成那个具有高度的可行性、宏大未来前景的项目的拥有者，然后你才能说服对方，让他们拿钱出来，投在你这里。如果你不具备这样的素质和能力，你的准备没有达到这样的程度，就很难得到强者的垂青和良好的发展机会。

第二，不要幻想你的贵人是慈善家。

有不少人会困在一个天真的问题中拔不出来，他们会奢望强者的恩赐和拯救，把贵人想象成一位在全世界处处行善的慈善家。他们丝毫不明白，这是一个现实而且残忍的世界，绝不要幻想自己会被天上的彩票砸中，也不要以为那个童话里的灰姑娘就是你自己。

你可以设想一下，如果你是风投的执行人，你会选择一个不靠谱的投资对象去乱砸钱吗？肯定不会的。同理，那个真实地掌握了一大笔钱的西装革履的家伙也不会。不要幻想那些看走眼的小概率事件，你的成功建立在你自身的价值基础上。你的潜意识中什么都不想做，只呼唤运气，你的生活就缺乏强者的光顾。你只能拥有平平常常的气场、遭遇和运气。当然，你也会拥有一个平庸的人生。

第三，修炼和提升自己的能力最重要。

你现在还没有能力找到自己的贵人，这是你在读这本书之前就确定的一点，但请不要着急和焦虑，因为人们无法改变运气，但却可以从内在提升自己。能力是可以改善的，进而通过自身价值的提高，去拓展自己的人缘。

并且，你还要善于反思，从头到尾、由内及外地进行自我审问。不管你的目标是什么，名誉、财富、学识、修养等，找到可以依循的规则体系，然后让自己在这个体系中成长并取得回报和收获。从现在开始，就让自己在关注的领域内投入资源，提高竞争能力，然后与他人进行公平的竞争。如果一个人总是拒绝成长，那他只能被淘汰。

当你开始提升自己时，你将面临一个长期的过程。对此你千万不要浮躁，寻找和建立自己宝贵的人际资源，需要循序渐进。而且你要记住，没有哪一个人能够帮你一辈子。归根结底，每个人都必须依靠自己的成长。人生并没有救世主，强者的相助和机遇的出现，其实是留给有准备的人的。同样，如果你不长进并且只想依靠运气，那些噩运和坏运也会统统留给你，让你应接不暇。

能者劳心，说服别人的秘密

真正的“能者”不依靠他的体力而是智慧，乞求一个人向你施舍，不如释放你内心的“神明”去说服他与你合作。在这里，“神明”是指我们的诚意、价值以及沟通能力。

我们的成功约有15%取决于自己的知识和技术，其余的85%则取决于怎么沟通，在人们面前发表意见和激发他人热忱的能力。可以更好地说服别人，让他感受到你的价值和诚意，你就拥有了财富的钥匙和成功的诺亚方舟。

用倾听让对方愿意与你交谈

“如果我想树立敌人，只要处处压过他就行了。但是，如果你想赢取朋友，你就必须让朋友超越你。”这是法国的一位哲学家说过的话。用自己的心灵去理解对方，谦虚以待，并鼓励他向你畅谈他的成就，满足他的虚荣心和成就感。

最差的做法是，你总是自己喋喋不休地自吹自擂，让人觉得索然无味。如果我总是在你面前啰唆，不给你介绍自己的机会，你也会油然生出一股怒气，甩袖而去。

大量事实证明，听一听对方是怎么说的，比自己主动表达来得更重要。所以，先学会去做一个好的听众，用倾听的态度与人打交道，将有助于引发对方与你畅谈的兴趣。这会让你获得对方的好感，然后才能向你敞开内心。

世界上最优秀的推销员之一的托尼·温赖特，他在去世时已经是一家资产逾二十五亿美元公司的主席，同时他也是一名作家、剧作家、慈善家。他在事业上取得的成功得益于无人能及的倾听能力，与托尼谈话，他会让你觉得你的想法如金子般珍贵，他让你觉得自己很特别，你说什么，他好像都确信不疑，连你自己也不得不相信自己所说的，正是这一点使他成为了一个伟大的推销员。托尼是一个充满热情的人，他与别人谈话，不只限定于工作话题。有时候，他会问："你近况如何？"让别人说，从中尽可能地找出有价值的东西。

托尼·温赖特的成功是一个很好的说明：适时地去倾听一下对方的话，能让你们的沟通更顺畅。如果你不让对方说出自己想说的话，难免就会在中途打岔，让对方想倾诉的欲求得不到满足。他对你心怀不满，你们也就无法建立起一种亲密或至少是亲近的关系。更严重的，还可能造成双方的敌对。

当你和他的关系发展到这种地步时，你还能说服他吗？

给他留下足够的面子

每个人都有虚荣心，我们的潜意识深处，都有自尊的需求。不管你和他有什么矛盾冲突，谈判或交谈如何激烈，都不要忘记给他准备好"最后一件衣服"。不要刺激对方的自尊心，要让他有面子。

有一次，约翰先生由于对方送货太迟，向一名推销员大发脾气："你这时候才送货来，还想收钱？我的老主顾都因为买不到你们的货而着急，到其他地方去了。你们使我亏了多少钱，你知不知道？"

这位聪明的推销员一看对方发火，就立即向对方道歉，并且说：“约翰先生，是我们的错，我们的货送得太慢了，真对不起。别人因买不到我们的货而着急，就说明我们的货在您这里卖得很好。难怪你会不高兴，换成我我也会发火，我很了解你现在的心情。”

他说完这几句话后，就发现约翰先生不是那么生气了。过了一会，他才问对方，到底送慢了多久？损失了多少钱？等到对方怒气消失，脸色转晴后，他再请对方想一想，以前送货的情况怎么样，有没有耽误过时间。

约翰先生仔细想了一下，发觉对方每次都按时送货，只是这一次迟延，因此对于刚才发那么大的火，开始感到有点不好意思。

这时候，那位聪明的推销员才向他说明，这一次货送得慢，是因为制造商赶不出货，所以批发商才送慢了。不过，这次情况是很特殊的，以后不会再发生这种事情了。

这位推销员成功地将约翰先生说服的主要原因，是他先将对方夸奖了一番：货之所以送得慢，是因为您这里的销售实在太好了。约翰先生的气消了一半，在平心静气的情况下，再进行详细的说明，取得了对方的谅解。这是一种消火战术。每个人的内心深处都有不受控制的“火”，一旦将它激发，又不懂得灭火的办法，只会激化矛盾和冲突。如果让一个人觉得自己很没面子，那他什么事都干得出。这是人际交往的禁区，千万碰不得。

微笑至少价值百万

微笑意味着什么？乔·吉拉德这位世界上最伟大的推销员对此说道：“当你笑时，整个世界都在笑。一脸苦相则没人愿意理睬你。”

没错，微笑可以给一个人带来好运气；微笑可以改善我们的气场，给潜意识注入积极的命令。有时你费尽心思做不到的事情，可能一个简单的微笑就可以了。它能够让陷入僵局的事情豁然开朗，为你创造奇迹；它还可以助你成交一笔数额巨大的业务，给你带来百万的价值与回报。

原一平在日本被称为“推销之神”。他在1949年到1963年间，连续十五年保持全国寿险业绩第一。他是一个令所有销售人员都膜拜的伟大人物。那么，其貌不扬的他为什么能有如此神奇的成绩呢？

原一平在四十岁的时候才开始做保险推销业，在他最初当保险推销员的半年里，他没有为公司拉到一份保单。他没有钱租房，就睡在公园的长椅上；没有钱吃饭，就去吃饭店专供流浪者的剩饭；没有钱坐车，每天就步行去他要去的那些地方。上帝在给他苦难的同时，也给了他另一种财富，那就是自信乐观。他从来不认为自己是个失败的人，至少从表面上没有人觉得他是一个失败者。

每当清晨从长椅上醒来时，他就向每一个他所碰到的人微笑，不管对方是否在意或者回报以微笑，他都不在乎，而且他的微笑永远是那样由衷和真诚，他看上去永远是那么精神抖擞，充满信心。

终于有一天，一个常去公园的富翁对他的微笑发生了兴趣，富翁不明白一个吃不饱饭的人为什么会那么快乐。富翁出于好奇心，提出要请他吃一顿好饭，尽管原一平饿得要死，非常想饱餐一顿，但他还是委婉地谢绝了。他请求这位富翁能买他一份保险，由此，他有了自己的第一笔业绩。这位因惊奇而高兴的富翁又为他介绍了许多商场上的朋友。

就这样，原一平凭借他的自信和微笑感染了越来越多的人，最终使他成为日本历史上签下保单金额最多的一名保险推销员。他用微笑成就了自己的保险事业，他成功的法宝就是微笑。

至少有上万条路能助你成功，但微笑却是每一条成功道路上都必不可少的要素。如果你的长相不好，你可以用才华弥补；如果你连才华也没有，你至少还有微笑。

先征服对方的心，再去谈生意

心灵的交流是最好的交往。先去交朋友，再去做生意。不管在美国还是中国，情况都是如此。我们只有先与对方建立良好的朋友关系，征服了对方的心，才能与他有愉快的合作。

我的一位做保险代理的朋友对我说，他之所以能够常年保持着很好的业绩，拥有几百名固定的优质客户，同时他的客户还在以很快的速度增加，是因为客户很信任他。他和客户建立了极佳的私人关系，不但有着良好的业务合作，在生活中还是彼此交心的朋友，经常相约一起去郊游、爬山、打保龄球。彼此之间的关系非常融洽。

这表现在，他们不但谈利益，还重义气。比如客户有困难时，他会主动积极地提供帮助；当他遇到难题时，这些客户也会慷慨解囊，两肋插刀。

他说："说服顾客购买我的产品，当然是我的最终目的，但如果我不跟他们交心，我可能永远只有一次性的客户，不会为自己建立一条稳固的客户链。而且，我个人的形象在他们看来，也只是一个唯利是图的普通推销员罢了。"

具备同理心才能说服对方

"同理心"就是换位思考，抑制内心的自私欲望，站在对方的立场上去思考问题。就像你在推销产品时要注意的，不是你的产品如何的好，服务如何的过关，而是你要考虑到这对于他本人来说是否有用。

站在这一立场上，和人们进行充分的交流和沟通，以己之心，去换对方之心，才是能否成功说服别人的关键。

有一次，国外一家财团到内地商谈合资经营茶产品的业务，他们一开口就自恃科技设备先进，向中方漫天要价，一点都没有顾及中方的利益。在这种情况下，中方的某位领导在一次发言中，巧妙地说："中国是一个文明古国，我们的祖先早在一千多年前就将指南针、造纸术、印刷术和火药等四大发明无条件地贡献给全人类，而他们的子孙后代，从未埋怨他们不要专利权是愚蠢的。现在，中国在与各国经济的合作中，并不要求各国无条件地转让专利权，只要价格合理，我们一分钱都不会少给。"

这场不卑不亢的精彩发言，赢得了对方的赞赏，促使这个财团在之后的谈判中愿同中方携手合作，达成了一项很合理公平的协议。

我们有时必须站在对方的角度上，为对方的利益考虑。这并不是什么难事，也不会让你失去些什么。做到这些只需要你稍微转变一下思维。用我们中国人的话说，就是将心比心，学会设身处地为对方着想。当你能为对方的利益设想时，他感受到了你的诚意，自然也会为你着想了。

学会让别人来赞美自己

在一次公共大会上，马雅可夫斯基在台上演讲，这时下面的群众中有一个人大声地说："下去吧，你这个糟糕的诗人，你的诗既不广阔也不火热，而且根本没有感染力，我一点也不喜欢。”马雅可夫斯基并不因此而生气，而是笑着说：“我的诗既不是大海，也不是火炉，而且也不是鼠疫，所以它不会有你要的那种广阔、火热和感染力的。”

怎样让对方来赞美你？马雅可夫斯基就成功地做到了这一点。他利用了他人的话，将自己的地位提高了一个台阶。利用别人之口来提升自己的形象，需要你懂得顺手牵羊和借势而为的技巧。不必去在意对方的嘲讽，而且你也要明白，自嘲是一项很好的品质。

去引导别人自我说服

作为潜能研究的权威人物，安东尼·罗宾说过一句很经典的话：“成功者与失败者最主要的差别是什么呢？用一句话来说，就是成功者善于提出好的问题，从而从中得到好的答案。”

提出问题，让对方解答，引发积极的连锁反应：因为问题能引导对方的注意力，而在说服的过程中，注意力就等于一种事实了。他在回答你问题的过程中，就已经开始了自我说服。

所以，对成功的说服过程来说，并非你要告诉别人什么事情，而是去问他一些事情。能去问出来，就不要说出来。你可以采用这个办法，让你在与他的心灵沟通中获得优势地位。你要多问少说，而不要总是开门见山地去“压迫”别人。

不过，你一定要问对问题，提出一个对你有利和有效的问题，才能正确地引导对方的思考。而且，在你提问之前，你要明确自己所提出的问题对方能够一一回答。只有将这些事项都考虑和准备齐全了，你才能达到引导别人成功自我说服的目的。

主动与正确的自我营销

在今天的世界，一次成功的自我营销对任何人来说都无比重要。不管是你卖产品，还是“卖”自己，我们都不可能强行掰开对方的眼睛，让他死死盯着你，进而认可你；我们需要用合适的手段、聪明的计划和顺理成章的过程，把自己（或产品）的优秀展示在对方的面前。

我的合伙人普利斯为我讲过一个故事，故事的主角是一名叫做华妮的美国女性。她在自我营销方面显得相当务实和富有借鉴意义。在她的人生中，曾经有过一段黑暗无比的婚姻，丈夫是个不务正业的人，使她受到了很大的伤害，但这没有打击到她对于婚姻生活的渴望和自信。当她动了再次结婚的念头后，不是跪在教堂祈祷，也不是找家人帮忙，而是马上确立了自己找老公的标准。她要靠自己的行动获得幸福。

普利斯问她：“华妮小姐，你的择夫标准是什么呢？”

华妮回答说：“很简单，他必须学有专精，最好是某一领域的专业人士，是某一行业的佼佼者；他至少要为人诚实，能干肯吃苦，但他不需要拥有多少财富。我对钱没有太重的渴望，我认为如果自己的老公太有钱了，反而需要我花很多的心思用在家庭财产的争斗中；而且，我觉得男人有了钱就容易花心。所以，我最希望找一个身家清白但有一技之长傍身的好男人，和我一起去为了两个人的幸福共同奋斗。”

在她的目标确立以后，华妮面临的问题就很简单了，她得为自己制定一份营销策略。当然，她成功地做到了：她首先找来了十个在她的关系圈内人缘最好的长辈与她的朋友，请他们为自己介绍对象，而且把这个消息散发出去，告诉自己认识的每一个人，自己正希望寻找一位合格的老公共度余生。

当她开始行动之后，只用了一年的时间，她就相亲了两百多次。这是极为惊人的频次，意味着每两天的时间她就相一次亲，甚至有时在一天之内要去见五六个人。她有足够的机会去挑选真正让自己中意的男人，将选择面扩大到了极点。

后来，华妮果然认识了一位拥有博士学位、从事教师一职的男人。他们堪称一见钟情，兴趣相同，话题又多，所以聊得非常投缘。半年后，他们就结婚了，之后育有两子，生活幸福。

假如华妮没有为自己制订那个明确的择偶目标和海选的招亲策略，我想她至今仍然对婚姻不甚满意。再看一个关于沃尔玛商场的例子：沃尔玛决定招聘一名收银员，几经残酷的筛选，最后只剩下了三名女孩参加最后的复试。这时，真正的考验刚刚开始。

第一名女孩刚走进办公室，面试经理就丢了一张百元钞票给她，并命令她到楼下买包香烟。女孩马上就急了，心想我还未被正式录用，他们就已经在颐指气使地命令我做事当苦力，那正式上班后还不得吃了我啊？于是她感到相当不满，认为对方是在故意伤害她的自尊心，这是一家黑心到极点的企业，坚决不能到这种地方工作。所以，她对经理递过来的这张钱看都不看，就扔到地上，然后怒气冲冲地甩头离开了。

一边走，她一边气呼呼地抗议道："你们凭什么这样支使我，这份工作我不要也罢！此处不留姐，自有留姐处！"见她这样，经理一笑置之。

第二名女孩一进来，同样遇到了这个情况。面试经理笑眯眯地把钱递给她，让她下去买东西。她没有发火，同时她看到钞票是假的。但由于她失业很久了，急需要一份工作，只好无奈地自己掏出一百块钱，去为面试经理买了一包烟。不但如此，她还把找回来的钱全交给了这名经理，等同于变相行贿，虽然行贿金额少得可怜（她在工作面前的自尊丧失到了何种程度）。看到她的表现，经理叹了口气，没说什么。

第三名女孩进来后，接到钱时就发现这是一张假币，她是怎么办的呢？她微笑着把假钞还给了经理，并请对方重新换一张。经理笑了，他开心地接过了假钞，并且立即宣布，这名女孩应聘通过，可以胜任收银工作。通过面试，就是如此简单。

这三位面试者对于问题有三种截然不同的应对方式。为什么第三名女孩成功了？因为她很好地展现了自己“对方最需要”的特点：冷静和理性的处理能力。前两名应聘者，第一个女孩太情绪化，所以没人敢将工作交给她；第二个女孩则非常不专业，过于委曲求全，所以无法处理重大问题。只有最后一名女孩，她在这件小事上充分地表现出了自己的敬业态度和专业能力。

当你需要让对方看清你的价值时，你就必须在自我营销上下工夫。如何让你的“贵人”发现你的真正优点，或者让对方在与你的沟通中认识到你的重要性？除了自信的态度以外，你更多地要了解到你们之间真正的需求是什么。根据具体需求，表现自己实际的处理事务的能力。

营销自己时，应该以对方的需求为导向。

当你在向别人推荐自己的时候，你注重的首先应该是对方的需求和感受，并且据此来说服对方，使他接受你。站在自己的立场上是无用的，因为对方并不真正在乎。

表现出自己的最大特色和优点十分重要。

根据对方的需求，再去表现自己的特色。特色是什么呢？是你有什么与别人不同的特点，你的优点是什么。拿出对方离不开的价值，你就成功了一大半。

善于和对方面对面地进行沟通和展示。

多采取面谈的方式，这样能更好地说服对方、达成协议和交流信息。在进行面对面的交流时，你要做好充足的准备，比如你说话时要自信和大胆，要坦率和真诚，克服心理障碍，掌握适当的时机，注意观察对方的表情和分析对方的心理。

要进行灵活的方案选择和展示。

你还要随机应变，因为不同的人有各自不同的所好。如果你发现事先制定的策略是错误的，仍然说服不了对方，没能被他所接受，你应该毫不犹豫地马上重新考虑自己的选择，拿出新的自我营销的方案。

注意控制自己的情绪。

最后，注意控制好自己的情绪。在你推荐自己的过程中，你应善于自控，不要使情绪失去潜意识的控制。你要避免亢奋，同时也不要消沉。你必须记住我的忠告：说话声音要适中，慢言慢语同时用词柔和，并记得挺起胸膛。

第六章

“野心家”和“实干家”的跨越

躺在被窝里的穷“富翁”

穷人很多是野心家，但却习惯于找借口；富人多是实干家，他们习惯于找机会。我们可以知道一个事实：穷人和富人最大的区别在于，前者虽然有无数的梦想，但在做事之前，就已经为自己找好了同样无数的理由和借口。更可怕的是，他们在潜意识中提前预存了失败的种子，一旦不顺就会用强有力的理由说服自己赶紧撤退。后者决不会容许自己躺在被窝里做梦，而是立足于行动，知道行动才是化目标为现实的关键步骤。

富人深深地明白并且能够努力地践行一个众所周知的道理：现实是此岸，目标是彼岸，中间隔着湍急的河流，只有行动才是架在河上的桥梁。

有一个穷了很久的穷人，有一个偶然的机会在路上捡到了一只鸡蛋。他回家高兴地跟老婆筹划：要将蛋孵出小鸡，小鸡若是母鸡长大后就会生蛋，这样一年后就会有300只蛋，300只蛋又能孵出300只鸡，这样鸡生蛋、蛋孵鸡，再过几年就可以用卖鸡卖蛋所赚来的钱，去买十头牛——当然是母牛了，母牛生牛犊、牛犊长大再生牛犊……

这下应该是发财了，穷人想到这里高兴之极，居然还说要用这笔钱讨个小老婆，不料老婆一气之下，一巴掌把那鸡蛋给打碎了。

任何伟大的梦想，如果你只是想一想，那么也就很容易幻灭！不管你想做任何事情，只是靠大脑的空想都是极其可笑的，没有实现的可能性。我们发现失败者总是在考虑他的那些梦想假如怎么做就一定如何如何，所以他的人生总是因故拖延，只有设计没有行动。他们充其量只是空谈家，从不切实进取，也从不试图做点什么。

当我在费城的一所大学谈到实干对于挖掘潜能的重要性时，讲到了一个搬铁柜的故事。有一家著名的广告公司，他们需要招聘一名设计主管，薪水非常优厚，福利也极其优裕，求职者当然也挤破了门槛。几经考核，有十位优秀者脱颖而出，会聚到了总经理的办公室。在这里，他们将进行最后一轮激烈的角逐。

总经理表情平静，他指着办公室里两个并排放置的高大铁柜，为应聘者们出了一道考题："你们回去设计一个最佳方案，不搬动外边的铁柜，不借助于外援，看看如何把里面那个铁柜搬出我的办公室。”

这个铁柜看起来至少有五百多斤，是一个庞然大物。应聘者们傻了眼，他们思考着老板为什么会出此怪题，然后开始仔细地打量里面那个纹丝不动的铁柜。毫无疑问，这件事实在困难，他们需要好好想想，精心设计。

几天以后，有九位应聘者都交上了自己非常用心设计的方案。他们简直用尽了智慧，设想了杠杆、滑轮、分割等诸多办法。但是老总对于这些似乎很可行的设计方案根本就不在意，他只随手翻了一翻就把它们扔到了一边。

第十位应聘者没有拿自己的方案出来，她是一个弱小的女孩，两手空空地走进了办公室。然后她径直走到了里面那个大铁柜的面前。众人很不理解地瞪着她，想看看这个莫名其妙的女孩接下来会干什么。只见她轻轻地一拽柜门上的小拉手，就把那个铁柜拉了出来。原来，那个柜子是用超轻的化工材料制作的，十分轻便，只是在外面喷涂了一层铁漆，整个重量不过几十斤。女孩很轻松地就将它搬出了总经理的办公室，放在了门外的走廊上。然后，她拍了拍手，轻吁一口气，进来对着众人笑了笑，又对着老总点了点头，说：“经理，这是我的方案。”

老总这才满意地笑了，他宣布，这名女孩被录用了。你懂得再好的设计又有什么用呢？无论多么美妙的梦想，最后都要落实到具体的行动上才有意义。纸面上的空想永远都是一份无效的计划，比不上伸出的一根手指。

有一位名叫艾德丽·华塔的女孩给我发来了一封关于她的事业的咨询邮件：

高先生你好，我是一个非常不喜欢做销售的人，但我现在又不得不去接触销售。也许现实就是这么无奈。我想通过销售挣到更多的钱，改善自己的生活。我做过保险，因为我就是学习保险的。我在跟别人（主要是销售对象）接触时，总有一种自卑感，这导致我不怎么愿意去行动，也就是说，我只会空想（对此我很讨厌自己，但却没有办法）。我经常想象和我的销售对象接触后会有怎样的情景，可是我根本就不会去接触，因为我有一种怕失败的心理，担心和恐惧阻止了我的行动。

在做保险时，我的业绩很一般，但总体表现也并非一无是处的。我通过一些工作，得到了很多人的认可，最后我还是离开了，因为我觉得我的人生每天都在煎熬。我之前在银行做过银保业务，对客户有很多建议，但还是想的比做的要多得多。

高先生，怎么样才能把我的想法转化为行动呢？之前我看过很多书，了解很多道理，有关此类问题，我比较信奉一句话，“不是我没用，而是我没用”。第一个“没用”是没本事的意思，第二个“没用”，就是我没有实际去操作，去使用。所以才导致了最后不良的结果。您觉得是这样的道理吗？希望能从您这得到很好的解答。

在这封邮件中，我们会看到艾德丽对于问题的根本其实心里很清楚，她只是需要从我这里得到自信和肯定。所以我毫不犹豫地回复说："艾德丽女士，你自己已经知道了答案。所以你不要再心存幻想了，靠得住的只有你自己。这就是我的建议，按你最后的想法大胆去做吧，把你自己从幻想的被窝里解放出来，勇敢地去做你想做的事，不要再浪费机会。"

只会躺在被窝里幻想而从不或很少采取行动的人，他们永远也体会不到收获果实时的喜悦。

许多人都在幻想，但不行动。这正是今天我们看到的。前不久，我的一位朋友辞职了，他跟公司闹得非常不愉快。他自己当然也非常纳闷，因为他辞职的原因很奇特。那天，他跑过去莫名其妙地问自己的上司："像我这样工作了多年的老员工，如果公司哪一天让我离职的话，按照法律规定，公司得支付给我一大笔的遣散费吧？"

他假想了一个事实，就去问上司了。结果怎么样？他的上司记在了心里，不久就调动他的工作，让他从现在的好职位去做粗活累活，有意无意恶化他的工作环境，在部门内部制造舆论让他不愉快。总之，就像很多公司对自己的员工常干的那样，想方设法地使用各种手段逼他主动辞职。因为按照他在潜意识中设想的那样，如果他自动走人了，公司就可以按他想象的不用给他补偿了。

一如墨菲定律讲的，一旦你想到最坏的可能性，它总是会有最大的概率会发生。他为自己埋下了一颗炸弹，最后只能无奈地离职，而且他多年来在公司积累的形象和人脉可以说是毁于了一旦。

他在离开以后，还在不停地幻想未来公司的员工会怀念他的，一定会有人来把他请回公司重新上班。他相信一定如此，每天为此做准备。但真正的现实是，人们会很快忘记他，该做什么就做什么，太阳还在照常升起，原公司的同事没有一个给他打电话的，至少没有高层人物请他回公司上班。

我对他说："既然你这么想回去，为何不主动过去谈谈呢？也许会有转机。"

他说："不用。"

但是结果是，半年后他灰心丧气了，终于承认了一个事实：当你离开以后，没人再把你当成个人物。他这时才想用实际行动去弥补自己当初的错误，但为时已晚，错过了最佳的时机。由于他离职已超过半年，公司早就找到了替代他的人。也就是说，他再也回不去了。

凡是有一点才华的人，他们对于自己都有很强的自信，总觉得自己的想法不一样，自己设想的一定能实现——不用刻意努力，就能出现在自己的面前。可事实是，不管你有多强的能力，在别人眼里，我们跟任何人一样，没有什么特别。如果你觉得自己只要躺在被窝里想想就可以了，那你将来的命运一定是“贫穷”的。

甲骨文公司的CEO拉里·埃里森先生曾经就这个问题在耶鲁大学的毕业典礼上对人们这样说道：

耶鲁的毕业生们，我很抱歉，如果你们不喜欢这样的开场白。我想请你们为我做一件事。请你——好好看一看周围，看一看站在你左边的同学，看一看站在你右边的同学。现在，请你设想这样的情况：从现在起五年之后，十年之后，或三十年之后，今天站在你左边的这个人会是一个失败者；右边的这个人，同样，也是个失败者。而你，站在中间的家伙，你以为会怎样？一样是失败者……为什么，我，埃里森，一个退学生，竟然在美国最具声望的学府里这样厚颜地散布异端言论？我来告诉你原因。因为，我，埃里森，这个行星上第二富有的人，是个退学生，而你不是。因为比尔·盖茨，这个行星上最富有的人——就目前而言——是个退学生，而你不是。因为艾伦，这个行星上第三富有的人，也退了学，而你没有。再来一点证据吧，因为戴尔，这个行星上第九富有的人——他的排位还在不断上升，也是个退学生。而你，不是。因为你没辍学，所以你永远不会成为世界上最富有的人。哦，当然，你可以，也许，以你的方式进步到第10位、第11位，就像史蒂夫·鲍尔默。不过，我没有告诉你他在为谁工作，是吧？根据记载，他是研究生时辍的学，开化得稍晚了些。

鼓励学生退学去实干，而不是在大学校园进行幻想。在这方面，拉里·埃里森的话当然是过于尖酸刻薄了，要取得成功不一定就要走退学的极端之路，但从根本上，他是告诫那些对于自己的未来正意气风发充满幻想的耶鲁学子们："你们根本没有什么特别的，如果你们真是特殊人才，天降于大任，那么你们在这个年纪应当已经有了让人刮目相看的成就了，绝不会坐在这里跟别人一样按部就班地听我演讲。"

坐在原地幻想是最没出息的行为，学历越高就越可能是无可救药的废物。只有野心毫无价值，拿出行动才富有意义。

我们需要丢掉的第一个幻想是：我跟别人不一样。

你认为自己跟别人不一样吗？如果你这样想，你的人生就"死"定了。有时候，你能不能成功，重要的不是你，而是那个给你机会的人。那些掌握了资源和分配规则的人，他们决定了你的成败。也就是说，就算你有天大的本事，但如果没人用你，就跟没有本事是一样的。

所以，赶紧放下"我就是人才"、"谁不用我是谁的损失"的天真幻想，扔掉床上的被子，丢弃"我的待遇就是要比别人高"的幻想，向着机会主动地靠上去，然后展示自己的行动力。从幻想家变成实干家，你才能开启成功的第一步。

在我们身边，有很多人特别爱看一些成功故事和励志书籍，他们看到一半就雄心大起，认为自己可以君临天下、舍我其谁了。他们制订了雄伟的计划，然后大声地激励自己：“比尔·盖茨可以做的事，我为什么不可以！巴菲特可以做的事，我又为什么不可以！”然后得出结论：“我什么都可以！”说这话的时候，他们人就在被窝，一腔热血，慷慨激昂，对着天花板指点江山。

对此，我的回答只能是：“你真的不可以！”不说别的成功人物，就拿这两个人物来讲，都是一百年才出一个的伟大企业家。如果你真要幻想和一些成功人物一样，也应该换一个你认识的、和你的距离并不太远，能够面对面地交流的人，这对你而言才是比较靠谱的。

一个人需要有伟大的志向，但一定不要只是躺在被窝里空想或写在纸上就算了。人们总是在拿世界顶级的人物来激励自己，这很不错，学习他们的精神是可以的，但要想复制他们的成功，又无法拿出行动，则是大错特错。

大多实干家还只是“快乐的奴隶”

如果你的一生只是追求一种平稳的生活，从不释放自己的潜意识去追逐更高的目标，认为可以为一家不错的公司打工、领取固定薪水就完了，那么你的人生便失去了应该具备的积极意义。即便你是一个实干的人，你最多只能算得上是一名“快乐的奴隶”，而不是自己命运的主人。

“快乐的奴隶”通常具备以下五种特征：

1. 肯吃苦但不会独立思考：他们不停地努力着，不害怕吃苦，但很少思考“为什么这么做”，或者“还有没有更好的方法”。

2. 执行力强但容易钻进死胡同：他会对一个计划或安排贯彻到底，不到黄河不死心，钻进死胡同也不想出来。

3. 容易听从别人的建议，从而改变自己的方向：当有人对他说“这样不行那样才可以”时，他轻易地采纳，很快否定自己之前的坚持。

4. 宁愿效率低也要追求稳妥：虽然重复做着缺乏效率的工作，但因为过去的习惯主宰，宁愿继续下去也不想冒风险改变思路。

5. 害怕并且用“正当理由”拒绝改变：明知道自己当前的行动是不合适的，或者明知一些观念是错误的，他也会编织很多大家都认可的理由为自己辩护。

著名的美国巨富亚默尔先生，他在少年时只是一个普通的种田的农夫。青年时正逢“淘金热”，他来到加州的大山谷，投入掘金者的行列。山谷里的气候干燥，水源奇缺，胸怀黄金梦的人们感到最痛苦的是没有水喝，有人甚至宣称：“谁有水？我愿意出一个金币买一口水！”言者无意听者有心，亚默尔经过思考放弃了找金子，他要用手中的铁锹挖一条水渠，把河水引进来，经过细沙过滤，变成清凉可口的饮用水。最后，他把水装进桶里、壶里，卖给淘金的人们喝。

那些口干舌燥的人们蜂拥而至，一块块金币投向亚默尔的腰包。一开始，有好多人嘲笑他：“如果干卖水这种蝇头小利的生意，你又何必千辛万苦到加州来挖金子？”但亚默尔不为所动，依然卖他的水。后来，当许多人的黄金美梦破灭而忍饥挨饿、流落他乡时，亚默尔已经成为富翁了。

充满创造力的实干才最有效率，才有可能让你改变命运，亚默尔的例子是一个很鲜明的证明。在我看来，这个世界上的实干家有两种人。一种是毫无想象和创造力的，他们用身边人做参照物，别人干什么我就干什么，按大家通行的标准要求自己。所以，他们的命运就是开头我们讲的，为有钱人打工，老婆孩子热炕头，挣扎在贫困线上；第二种人是拿破仑·希尔定义的，他们富有想象力，具备综合想象力和创造性想象力，知道如何实干才更有价值。

他们对于各项事务富有综合及分析能力，选择最有价值的事情去做，掌握做事的高端环节，能够领导别人，让别人为自己创造价值。这样的实干家是“主人”，能够决定自己的命运不受他人的摆布。

在实干的同时我们需要激活自己的想象力和创造力。

在我们按照某种既定的计划采取行动时，人的思考力将很快发挥作用，思考就是发散性思维和综合性思维的密切结合体，也是我们对于知识的一种转化、吸收和反刍的过程。实干不意味着不再思考，闷头前行，而是需要不停地激发创造力，使自己具备理性而又充满想象的思考，帮助你找到最佳路线。因为只有这样的实干，才能突破大众思维的瓶颈，使你成为真正创新的人，并能够跳出外部环境力量的制约，撞破阶层束缚的厚厚墙壁。

在这个过程中，你既需要挑战自己，还需要学习别人，这都可以为你打开自己的创造性的想象之门，从而实现跳跃式的致富之路，并且能够在成功的过程中又顺利地实现自己的价值。

在古代的时候，日本的渔民出海捕鳗鱼，因为船小，回到岸边时鳗鱼几乎死光了。有一个渔民，他盛鱼的船舱和各种捕鱼装备和别人都完全一样，可他的鱼每次回来都是活蹦乱跳的，因此卖的价钱高过别人一倍。这样没过几年，这个渔民就成了远近闻名的大富翁。直到临终前躺在床上，他才把保证鳗鱼不死的秘密告诉他的儿子——在盛鳗鱼的船舱里，放进一条鲶鱼。鳗鱼和鲶鱼生性好咬好斗，为了对付鲶鱼的攻击，鳗鱼也被迫竭力反击。为了生存，鳗鱼的本能被充分调动起来，所以就活了下来。

老渔民还告诉他的儿子，鳗鱼死的原因是它们知道被捉住了，等待它们的只有死路一条，生的希望破灭了，所以它们在船舱里过不了多久就死掉了。

这个故事告诉我们，人只有处于挑战的富有希望的状态中，身体内部的潜能才能完全爆发出来。只有勇于向自己的想象力挑战，才能激活潜在的能量，将做事的效率提高到极致。现在，只要你正想象自己以某种方式行事，并且在实际上也是这么干的——当你的想象方式接近于正确时，你的行动就能帮助自己的梦想尽可能完美地得到实现。

我们的梦想在实现之前，就已经在我们的大脑中预先实现过了。

请你现在就明确一个原则：尽可能尽早地进行想象力的训练与培养，这对于你的成功会具有非常大的影响。那些想象自己能够按照某种方式和某种形态成功的人，他们比起那些总认为自己“这也不行那也不行”的人来说，创造和管理财富的能力要强出许多。因为这样的人做好了潜意识的灵活应变的准备，在大脑中进行过实际的演练，当他实际地开始面对挑战的时候，他的思维能够提前为自己提供精神上的准备工作，而且建设好了自信心和意志力的基础。

康拉德·希尔顿作为世界旅馆业的巨头，他在拥有一家旅馆之前，很早就设想自己在经营旅馆了。当他还在孩提时代时，就经常“扮演”一名旅馆经理的角色——现实游戏和潜意识中均是如此。后来人们看到，他果然在这方面获得了巨大的成功，希尔顿将自己的连锁酒店发展到了世界各地，成为了享誉全球的旅馆大王。

这个例子就向我们表明，野心是每个人的重要财富，但不是只有野心就可以了。必须设想野心如何实现，在内心进行演练，这是实干家获取更高突破的开始。

成为富人的捷径之一就是“敢想敢做”，相信自己“能”，你就可以做到。

美国的汽车大王亨利·福特曾经说：“思考是这个世界上最为艰苦的工作，所以很少人愿意从事。”

诺贝尔文学奖的得主加西亚·马尔克斯，他在回答自己如何走上写作的道路时，曾经这样说：

> 有一天晚上，我回到我住的公寓，开始读弗朗茨·卡夫卡的小说《变形记》。读了第一行，我差点从床上掉下来。我非常惊讶，书上写道：“一天早晨，格里高尔·萨姆沙做了一个令人惊扰不安的噩梦后醒来，他发现自己在被窝里变成了一只可怕的大甲虫……”读了这一行，我就想：“难道可以这样写吗？”如果我早点知道可以这样写的话，我早就干写作这一行了。因此，在读了卡夫卡的作品后，我立即开始写小说了。”

这样就开始拥抱成功了吗？是的。当你有所设想，发掘和释放了自己的野心，使自己迈出行动的步伐，你就开始得到了。当你的欲望和对目标的渴望足够强烈时，你就会产生强大的吸引力。当你的大脑高速运转、想象力得以发挥时，你的行动就富有创造性的力量。潜意识的直觉会在我们的身体上和行动中闪现，让我们从宇宙中获取无限的智慧，从而增加我们行动的价值。

我们再讲述一个商业方面的事例为我们的观点进行补充说明：

大卫·古尔德从他父亲手里继承了一家卖酒的商店，他发现每一次把99美分的商品价格打出去时，一定会比其他打折的产品卖得快。他决定开一家99美分店，朋友和亲戚都说他疯了，但他还是走出去寻找供货商，请他们把不再出售的商品或者多余的产品以低价卖给自己。供应商们向他提供了很多品牌的东西，从金属器具到女用连裤袜，包括了洁具、润滑油、厨房用品、化妆品、电子产品、玩具、罐头食品一共5000多种，他于1982年在加利福尼亚开设了第一家店，到2003年已经拥有142家店，由于个人财富达到6.5亿美元而被列入福布斯前400强。

这一则故事可以再一次地验证想象力和创造力对于成功的重要性。世界上到处都有实干家，但聪明的实干家却少之又少。这就是为什么许多人执行力很强，但却只能为别人打工。他们没有创造力，头脑僵化，不敢突破和创新。他们虽然勇于做事，但由于缺乏头脑，所以只好被纳入聪明人的管理体系，在为成功者创造财富的同时，自己顺便分得九牛一毛的报酬。

当然，如果一个人光有想法却没有具体的计划，他充其量只是一名纸上谈兵的空想家，自然也不可能实现目标。但是对于实干者来说，他首先必须要有通过思考确定的伟大的想法，然后再采取正确的行动。否则，他就很难摆脱“快乐奴隶”的阶层身份。问题是，有多少人能意识到自己只是一名快乐的“奴隶”，并以此为荣呢？这正是“思维方式决定社会地位”的事实基础。

平衡思考与行动的天平

我有一个朋友，他在国内和我一起上的大学。他的家境并不富裕，大学毕业后，就去找了一份普通的工作。但在他的内心，早就已经厌倦了这种穷困的生活。谁想让自己一辈子都陷在贫穷的深渊中呢？所以，他做梦都想发财，让自己腰缠万贯，坐拥名车豪宅。

他不止一次地幻想自己能够得到这一切，让他和他未来的家庭过上名利双收的生活。为此他还写了一本书自费出版，那本书讲述的就是一个穷小子如何通过奇思妙想发家致富的故事，并在网上的日志中不停地阐述他的梦想。然而，时光流逝，不管他怎么设想，现实中他的工作依然是平淡无奇的，收入也一直是微薄的，仅够他交房租和吃饭。朋友对此的感觉很沮丧，可他对此却手足无措。他想象中的富有和现实中生活的穷困窘迫形成了巨大的反差，让他无法接受。

“这样的生活对我来说就是一场噩梦，我再也不能坐以待毙了！”在日志中，他这样写道。人们都看到了他的决心，许多人在网上祝福他，但也有不少人鄙视他的坐而论道，只说不做。

最后，他终于决定行动了。在这个单位才干了几个月，还没有积累足够的经验，他的想法也并不成熟，就决定辞职下海，寻求实质性的改变。但是辞职后，他又一下子陷入了迷茫和困惑之中。开始的时候，他很想自己创业，想象一下那些伟大人物的创业事迹就会热血沸腾，史玉柱，潘石屹，数不胜数的企业家，多少人凭一腔热血就做到了白手起家？可他转念又想到了自己的钱是那么的少，没有愿意帮助自己的人，而且创业还有无穷的困难和解决不完的琐碎的事情，比如场租、人员招聘、管理、销售渠道，等等。每件事都是那么烦琐和专业，万一生意失败了怎么办？万一自己不幸欠了一屁股的债，到时又该怎么偿还？

他就这么不断地设想和思考着，日子一天天地过去了，他犹豫不决，始终没敢去付诸实施。他也没有相关的计划，只能泡在网上打发时间，幻想着自己一旦成功后的风光生活。直到最近，我在国内的同学聚会上看到他时，发现他还是老样子，始终没有摆脱当时那种贫穷的状态，甚至一度连自己的房租也交不起了，见到熟人就开口借钱。

每个人都有过灿烂的梦想和无数的美妙设想，我们思考未来，设计人生，制订计划，但这远远不够。在产生梦想之后，你就必须扎扎实实地努力，有了合理的计划，还要去按部就班地付诸有效的行动，才能实现你的梦想。野心和实干加在一起才是成功，一旦分开，它们都难以体现应有的价值。

富人可以致富，是因为他们能够脚踏实地地奋斗。他们很好地平衡了自己的梦想与行动，不仅渴望富裕，而且采取行动去一步步实现自己的计划。

中国的马云是缔造阿里巴巴这个世界级的巨无霸公司的风云人物。他小时候却是一个经常打架、经常受处分以至被迫转学的问题学生，被周围所有人认为是没前途的孩子。

与互联网其他风云人物那些绚丽的海外留学背景相比，马云显得“寒碜”得多。他没进过一流的大学，连小学、中学都是三四流的。初中考高中居然考了两次，高中考大学复读了三年，第一次高考，数学甚至只考了一分。在他第三次参加高考前，他的老师说：“你要是考上的话，我的名字倒过来写。”

这个典型的问题学生，“坏学生”，一个被所有人认为“没有前途”的人，对自己的人生却从没有放弃激情和理想。

1984年，经过几年复读，历经艰苦的马云终于勉强考进了杭州师范大学外语系。他能进大学完全是运气，他当时的考试成绩只够专科，离本科线还差五分，但恰好本科没招满，他这样才被招了进去。

马云第一次“下海”，是1991年大学毕业后在杭州电子工业学院教英语期间，和朋友成立了海博翻译社。结果第一个月收入七百元，房租两千元，被周围人当做了笑柄。

在大家动摇的时候，马云却始终坚信：只要做下去，没有做不成的。他不相信自己是个“没前途的人”，他有着自己远大的理想。他甚至一个人背着个大麻袋到义乌、广州去进货，翻译社开始卖起了礼品、鲜花，以最原始的小商品买卖来维持运转。

经过马云的努力，他不仅养活了翻译社，而且业务蒸蒸日上。他的实践行动和不断的努力，终于让他最初的创业梦得以“存活”下去。

马云现在以互联网精英而闻名，可他一开始却是对电脑一窍不通！1995年初，他偶然去美国，首次接触到互联网。敏感的他意识到：互联网必将改变世界！随即，他的脑海里迸发出了一个不安分的想法：做一个帮所有企业收集资料，向全世界发布的网站！

一个远大的理想产生了，这是一个即将改变世界的理想，马云立刻向着它前进！

他放弃了杭州十大杰出青年教师的荣誉和稳定的教师职业，毅然下海。

当时在中国，互联网基本上少有人问津。马云的家人强烈反对马云的想法，认为这简直就是痴人说梦。可是马云却坚持下来了，并且脚踏实地地去为理想而奋斗。

1995年4月，马云和他的妻子再加上一个朋友，凑了两万块钱，专门给企业做主页，网站取名“中国黄页”，成为中国最早的互联网公司之一。马云的先见之明为他带来了丰厚的利润。不到三年，他就轻轻松松赚了五百万元利润，并在国内打开了市场，有了较高的知名度。

1997年，在国家外经贸部的邀请下，马云带着自己的创业班子建立了外经贸部官方网站、网上中国商品交易市场、网上中国技术出口交易会、中国招商、网上广交会、中国外经贸等一系列国家级站点。

1999年初，马云返回杭州。虽然有了成就，但是他并没有就此“小富即安”，他开始进行二次创业——介入电子商务领域。

他独辟蹊径，“弃鲸鱼而抓虾米，放弃那15％大企业，只做85％中小企业的生意”，将全球中小企业的进出口信息汇集起来，为它们提供一个展现自己的舞台。

就这样，1999年9月，阿里巴巴网站横空出世。马云立志把它做成中小企业敲开财富之门的引路人。阿里巴巴的会员不断增多，业务量不断上涨，网站越做越大。他的理想在他的不断努力下终于一步步变为了现实。

马云如此风光的成功，绝非是上天所赐，也不是闭门造车的空想，而是他一步步走出来的。如果不迈出第一步，不去以行动作为思考的基础，他除了在出租屋发表几次精彩的演讲，什么也干不了。在互联网的初步发展阶段，很多人都在打着嘴仗，只有像他这样少数的精英人物敢想并且敢做，才抓住了机会。

任何成功都只属于敢于梦想并敢于行动的人。我们在确定了自己的理想之后，就应该立刻拿出实际举措，马上投入到实现这种理想的实践中去。思考和行动的完美结合，才能让我们收获应得的成果。

只有敢于行动，立即行动，我们才能实现自己的理想。

马云在发布成功者的经验时说：“最大的决心，并不是我对互联网有很大的信心，而是我觉得做一件事，无论失败与成功，经历就是一种成功，你去闯一闯，不行你还可以调头；但是你如果不做，就像我们在晚上想想有千条路，但早上起来却还是走原路，这是一样的道理。”

你从中看到了什么？警示无非只有一个：你想成为富人，就必须要抛弃只会空想的头脑，加入实干家的行列。如果你开始行动了，你已经从穷人的阶层中迈出了一只脚。如果你能够聪明而富有想象力地行动，那么我恭喜你，你已经加入到了富有者的行列。

抓住机遇，把事情做大

对于富人来说，机遇就像一枚鸡蛋。很显然，这是一个通俗易懂的道理，没有蛋自然就没有鸡，抓住机遇制造财富，并催生更多机会，然后实现财富增值。不断地循环下去，让自己从穷人变成富人，再从富人变成更加富有的那个人。

破阶的关键是抓住最先出现的那个机遇。

美国的石油大亨约翰·洛克菲勒说过一句话：“设计运气，我们就是在设计人生。这就是我，我不靠天赐的运气活着，但我靠策划运气而发达。”策划运气，就是给自己制造和提供机遇。

为什么这个世界上还有那么多的穷人？为什么他们强烈地渴望改变命运——就像你我现在都在做的那样，但就是难以改变现状？因为大多数的穷人只知道无奈地等机会，他们采取了最无效的“守株待兔”的战术，一天天、一月月和一年年，盼望上帝给他好运，但是机遇永远不会自动上门。真正的富人，都是通过为自己创造机会，然后把握机会，从而获得成功，就像洛克菲勒。

1861年，美国的南北战争爆发了。随着战争形势的迅猛发展，为了保证军需用品的供应，华盛顿联邦政府把重点放到了东西横向的大量铁路的修建上。不久，大铁路网修建告成，投入使用，它连接了大西洋沿岸的东北部城市和大陆中部的密西西比河谷，这使新兴城市克利夫兰的交通枢纽地位更加突出。

洛克菲勒对这种天时地利的好机会是绝对不会放过的。

“战争，战争。”洛克菲勒兴奋地在办公室里来回踱步，和他往常沉静的模样判若两人。

“战争怎么样呢？莫非你想去打仗？”克拉克不解地问。

“打仗？除非我疯了。”洛克菲勒顿了顿，又说，“咱们要抓住时机。”

“对，抓住时机大干一场。连续两年的霜害使许多州的农作物遭到灾难性的打击，现在战争又开始了，你知道这一切将意味着什么？将意味着食品和日用品的大量短缺，意味着大规模的饥荒。”

洛克菲勒滔滔不绝地说着，这是他第一次像个演说家。金钱在任何时候都是他的超级兴奋剂，眼下更是如此。

但是他们公司的所有积蓄加到一块儿，也不够买下洛克菲勒想要吃进的那么多货物。然而时间即金钱，战火已在蔓延，物资短缺的现象已经发生。现在，向银行贷款对洛克菲勒来说已经不是难题了，这次他不是贷款2000美元，而是贷款20000美元。

然而银行一眼看透了洛克菲勒想借战争发财的念头，尽管洛克菲勒有足够的信誉，仍然只贷给他2000美元。

洛克菲勒还想说什么，但银行的汉迪先生挥挥手，让他出去。

2000美元就2000美元吧，洛克菲勒向汉迪先生鞠了一躬。

他的心思已经全部集中到这一场赌博一般的生意是否能赚钱，银行的贷款是否有能力偿还上。

洛克菲勒通过对战争形势的深刻分析，他的投机生意做得越来越红火，从中赚取的利润成倍增长。那些从中西部和遥远的加利福尼亚购进的食品甚至连华盛顿联邦政府的需求都不能满足，另外从密歇根套购的盐也因为供求关系的悬殊而大赚特赚。

请记住，把握人生运程的是我们自己，而不是其他的任何人。当机会出现时，能否果断地抓住，决定了你是否可以突破命运的屏障。每个人在他的潜意识深处，都拥有决定事情改变的最主要的力量。因此，命运都是由我们自己通过每天的作为来掌握和控制方向的，我们是自己命运的建筑师，而不是其他任何人。

可以说，那些最有希望成功的人，他们并不一定才华出众。但他们一定善于利用每一次机会，并且在得到关键的机会时全力以赴。

任何人都清楚，机遇是我们人生的转折点，也是事业的起跑线。但大家都清楚的道理，却不一定人人都会去做。总是只有少数人能够果断地抓住机遇，可以在很早的阶段就动手发展自己，在与大多数人的竞争中取得优势。那些同样明白事理的大部分人，他们则扮演了平庸者的角色，他们总是错过机遇，处处被动，时时吃亏，处在“财富和命运金字塔”的底层。

抓住机遇，人们需要条件。

就算天上掉下了馅饼，你也要有能耐吞下去。你不但要付出实际的努力，有敏锐的眼光、果敢的决断和发现关键机遇的能力，你还要因此努力提高自己的基本素质，做好相应的知识准备。否则即便机遇出现了，你也难以很好地利用和把握。

美国著名的投资商人詹姆士·罗杰斯先生在上大学的时候，还是一个糊里糊涂的年轻人，他根本不知道自己长大了该干些什么。但是，他却是一个善于谋求机会的人。在大学四年级的时候，他看到许多家公司来学校挑选职员，便报考了其中大多数人都报考的公司去试试。

有一位先生是从纽约股票经纪公司来的，可那时罗杰斯对股票经纪一无所知，甚至连著名的华尔街股票市场都不知道。但当他得知这位先生和自己有类似的成长经历时，便满怀信心地去参加面试。后来，毫无股票知识的罗杰斯到了华尔街，凭着对机遇的敏感判断力，与公司代表建立了融洽的个人关系，从而踏上了这一完全陌生却给他带来成功机会的领域。

在古希腊的神话中，众神之主宙斯曾经让他手下所有的神跟随他的脚步，来到一条开满鲜花的小径，然后做出规定："你们每个人都可以摘一朵花，但是不能重新采摘，我要看看谁采的最大。"

有的神在上路后就匆忙地为自己选择了一朵，因为生怕后面什么都没有了，但谁知走到后半程却发现还有更大的，他留下的是满腔的遗憾；有的神在上路后一直寻找最大的，因此错过了许多还不错的花朵，一路走下去也没发现合适的，最后他只好在到达终点前采摘了一朵最小的，他留下的只有懊丧。

在把握机会方面，不能太着急，以至于不经挑拣就全情投入；但也不能太谨慎，因为这可能让你错过所有的机遇。所以说，判断和分析能力十分重要：什么样的机会是对自己最有利的？你需要懂得分辨和结合自己的能力进行选择。如果你不能够及时地抓住那个最适合你的机遇，就算再有能力，也许等你醒悟的时候已经太迟了。你在抱怨之中迷失自己，自恃能力出众而闭上发现的眼睛，以为上帝会将成功的果实乖乖送上——如果这样想，你就错了。

野心+实干+人脉+运气=梦想成真

第一、野心

野心是我们对于未来的想象和渴望。与一般观点不同，穷人最缺少的往往不是钱，也不是机会，恰恰就是野心和欲望。许多人都曾向我抱怨："唉，我真背运！股票疯涨前我没有买进，股票疯涨后我没有抛出，总之，我之所以没钱，都是因为点背。”还有些人说：“我缺乏一技之长，怎能做出了不起的事？我缺少帮助，没有伯乐相中我！我缺乏好的形象！”理由五花八门。但是很少有人提到，是他自己的梦想有问题。

有一个例子是我经常在讲座中提及的，法国大富翁巴拉昂，他是媒体大亨，靠推销装饰肖像画起家，不到十年就成为法国排名前五十的超级富豪。后来他死于法国的博比尼亚医院。在临终前留下了一个遗嘱，将自己价值四亿多法郎的股份捐给了这家医院，同时拿出一百万法郎的奖金，准备奖给能够揭开贫穷之谜的人。

这份遗嘱很快在《科西嘉人报》刊登了出来。在文中，巴拉昂说：

> 我曾是一个穷人，去世时却是以一个富人的身份走进天堂的。在跨入天堂的门槛之前，我不想把我成为富人的秘诀带走，现在秘诀就锁在法兰西中央银行我的一个私人保险箱内，保险箱的三把钥匙在我的律师和两位代理人手中。谁若能通过回答穷人最缺少的是什么而猜中我的秘诀，他将能得到我的祝贺。当然，那时我已无法从墓穴中伸出双手为他的睿智而欢呼，但是他可以从那只保险箱里荣幸地拿走一百万法郎，那就是我给予他的掌声。

一石激起千层浪，这份遗嘱引起了全国轰动。《科西嘉人报》收到了大量的读者信件，有人骂这个死人纯属疯子，有人则说该报无耻卑鄙，为了销量拿死人进行炒作。但还是有多数人满怀希望地寄来了自己的回答。

在巴拉昂逝世周年的纪念日，他的律师和代理人按照其生前的交代，在公证部门的监视下打开了那只安全地保存很久的保险箱，答案公布了。在接近五万封的来信中，只有一位叫做蒂勒的小姑娘猜对了巴拉昂的秘诀：

穷人最缺少的是野心——成为富人的野心！

只有野心，才是所有奇迹的发源点，是永恒的激励的特效药。人们很难赚到钱，最大的原因并非他们的能力不行，而是因为他们内心的弱点。在其潜意识的深处，对于未来缺乏雄心壮志。

我们通过大量的采访，从华尔街和西部华人商圈得到的答案也证明：这些公司的所有者之所以能够走上创业之路，源源不断地积累财富，最大的动力就是他们强烈渴望自己成为财富的拥有者。

第二、实干

大多数的人即便在某些时刻表现出自己的野心，最后也往往没有兑现自己的承诺。但另一些人——能变得富有的那些人，他们却做得很好。为什么会有这样的差异呢？因为前者总是在期待，希望明天可以变好，每天都在想象和渴望，但却没有去做。后者拥有一项优秀的品质：实干精神。

因为穷人总在潜意识中觉得，只要明天做好了，成功自然水到渠成，今天不需要做什么。在他们眼中，明天最美好，同时也很艰巨，今天则可以放松，享受现在的状态。富人则完全不一样，他们认为今天的想法就要在今天开始，不能等到明天。未来变化莫测，如果现在不践行理想，到了明天机会可能就没了。

有了野心，还要有实干作为基础。所以，只有实干的人，他们才能在快乐的忙碌中不断地创造出他的成功！

第三、人脉

拓展关系的能力对于成功者而言，就像一只鸟儿安上了翅膀。你想成为什么样的人，你就必须和什么样的人在一起。这是人脉的力量。但现实是，大多数的穷人，他们的潜意识中都喜欢向与自己一样的人靠拢，比如他们喜欢和穷亲戚扎堆，排斥与富人的交往，看见富人不是觉得痛恨、鄙视，就是强烈的自卑，总之离得远远的，不愿去沟通交流。

时间一久，他就养成了穷人的心态。在他的关系圈内，除了穷人就是庸者。但如果反过来，他勇敢一些，让自己多和富人接触，自信地表达自己的想法，提供价值，寻求帮助，结果会怎么样？他会耳濡目染富人的思维和处世的方式，并且拥有大量的富裕阶层的人脉，在这种“帮助”之下，他慢慢地就会脱离原先的那个贫穷阶层了。

曾经有人想当然地认为，保罗·艾伦先生是一个稍不留神就变成亿万富豪的家伙，他运气实在太棒了，上帝睡醒之后的第一口唾沫就吐在了他的头顶。其实，这是一种常人难以理解内因所造成的误解，真正的原因是他在年轻的时候就与盖茨在一起了。两个人共同做事业，并且志趣相投。起初，他们在波士顿一块儿注册了微软，比尔·盖茨是第一号人物，担任总经理，而他，保罗·艾伦，是微软的副总经理，这就奠定了他的未来。现在，虽然在盖茨的光环下，他有些星光黯淡，但并不妨碍他在《福布斯》的富豪榜上名列前五，个人资产达到了惊人的210亿美元。

和优秀的人在一起共事并交往，也会让你变得优秀；和平庸的人长期共处，你也会越来越平庸。这就是穷朋友与富朋友分别对于一个人的影响力。你和一只狼在一起，就能学会如何狩猎；但和一只羊待在圈里，就只能习惯把头伸进槽里啃草。

第四、运气

关于运气的故事每个人都听过不少，因为绝大多数人最关心的就是运气。比如有这么一则故事，恐怕是流传最广的：

> 某个美国老太太，买了一百股可口可乐股票，压了几十年，成了千万富翁；还有一位中国老太太，买了十年的深发展原始股，现在也成了超级富婆。故事的主角都是老太太，笨头笨脑，没有什么眼光，但她们居然一弯腰就捡了一个金娃娃。

运气是什么？其实就是在正确的时机做了正确的事。比如这个故事，从理论上讲，美国老太太和中国老太太的投资都是成功的，但是对于更多的人而言，却很难发现普遍的借鉴价值。因为她们的运气太好了，并不是基于理性的分析和靠专业知识做出的投资行为。

我举这个例子，旨在说明运气的重要。有时候没有坚定的信心和理智的判断，也能成功。假如你同时具备这些专业的能力呢？如果你是一个拥有野心、敢于实践并且人脉很好的人，为什么不能做得比她们更好？

穷人把很多事情都归于运气，并且渴望运气。但他们关注这个词时，没有想到把它作为自己做事的辅助因素，而只是当做了失败的借口。他们忽视了最重要的一点：得到好运气需要前面三项因素的保证，缺一不可。只有这四项加起来，你才能梦想成真。如果你只盼望运气，缺乏前三项条件，那么成功就是不可能的。

第七章

请让心灵先富裕起来

孕育一片“异想天开”的土壤

我们的潜意识就像隐藏着无穷能量的大海，只有异想才能天开，才可以打开这座能量宝库。如果不敢想，你就只能缩在蛋壳中。纵观全世界富豪的创业史，他们的例子一再向我们表明，成功者的思想永远处于不安分的状态，他们渴望得到一切，并主动激活内在的想象力，用尽全力畅想未来。成功者绝不像有些人那样对什么都没有太大的愿望——失败者和平庸的人，因为害怕失败，恐惧于改变安逸的状态。所以这些人对什么都是抱着一种被动接受的心态，有的人为了安慰自己，还给自己冠以“理性”的帽子。他们对任何事都不感兴趣，也从不发挥想象，所以他们的生活如同一潭死水，心灵就像缺水的田地。

成功者总是在想：我怎样才会做得既出类拔萃又不同凡响？这种不安分的思想，来源于人的潜意识中的创新能量。从理论上讲，每个人都有这种能量，只不过能够和乐意把它们释放出来的人少之又少。这既需要外界的刺激，但更依靠于我们内在的追求。

对商人来说，这种思维极为重要，对于他们的经营和商业活动有着异乎寻常的积极价值。想要致富、发财，跻身更高的社会阶层，就必须让自己的思想永葆青春。而一旦停止了思想的创新，不再催动心灵的思考和想象，哪怕只是在原地踏步，也相当于畏缩后退。这时，他就会被其他更积极的人追上，并被抛在后面。富于创造力的人才能保证自己的地位，因为他们始终恪守着一个大多数人做不到的原则：

在成为富人的过程中，能够积极地寻求某种新设想，除旧布新，有意识地抛开在自己身上已经形成的思考同类问题的流程与模式，改革潜意识的思维定势，警惕和排除它对于形成新的思路可能产生的束缚作用。他们始终努力地突破陈旧的思维，时刻进行创新思考，并将其作为让自己成功的重要法宝。

我曾经从美国公共关系专家史密斯那里听说过一个故事。他去参加华盛顿的一个产品促销会，某公司的一名经理请与会者都站起来，并说："诸位，请看看你们的座位下有什么东西。"结果大家都在自己的椅子下发现了一些钱。有的人捡到了五分的硬币，有的人拾到了一百美元。

经理又说：“这些钱到了谁的手上，就是谁的了。但是，你们知道为什么吗？”

当然，所有人都很困惑，他们丈二和尚摸不着头脑，纷纷摇头。

到最后，这位资深的经理才说出了自己真正的意图：“我只不过想告诉大家一个最容易被忽视甚至已遗忘的道理——坐着不动是永远也赚不到钱的……”

想象力一旦僵化，就成了坐在椅子上慵懒不堪的笨蛋。不是你想不到，而是它就在椅子底下，你连动一下脑筋的活力都没有。创新力的价值就在于此，有些东西看似离你很远，但你只要稍微开动脑筋，换一种思维方式，它就站到了你的跟前。但如果你懒得去想，总在用过去的经验套到今天和未来的事情上，你就很难改善自己的生活。你昨天怎样过的，今天和明天还会怎样度过，没有一丝改变。

穷人总是让自己的思想坐着不动，富人则时时寻求着思维的突破。现实的生活中我们往往会遇到这样的事，你看到别人成功了，然后后悔万分，一副恍然大悟的样子：我也能想到的啊！如果我也这样想，一定会取得同样的成功，甚至比他做得更加出色。但是，你没有去想，你的智慧在沉睡，潜意识像一个偷懒的孩子，打着瞌睡，用你过去的人生经验，像机器人一样打发着你的每一天。

如果你决定做一件事情，就请马上让自己产生一个异想天开的梦想。你要创造一个好的计划，拥有一个好的创意。然后，你立刻行动起来。因为再好的创意如果没有付诸行动，我们的心灵就不会开花结果，那也毫无价值可言。

富人与穷人的区别就在于：前者不但拥有异想天开的心灵，而且善于动手；后者则只是动口，心灵是干涸的，双脚是无力的。

财富在哪儿？它通常不在天堂，也不在险峰之上。当你感到绝望，因为口袋拮据而常常唉声叹气时，它其实只与你一墙相隔。只要你果断地激活自己的创造力、想象力，拿出及时的行动，你就有机会砸碎这堵墙，在别人之前抢先取得令人羡慕的成功。因为无数的事实已经向我们证明，富人能够成功，就是因为他们能够进入你的思维禁区，而且可以果断地行动起来。

沈阳有一个以收破烂为生的人，他叫做王洪怀。有一天这个人突发奇想：我收一个易拉罐，才赚几分钱。可如果我把它熔化了，作为金属材料卖，是否可以多卖些钱？于是他把一个空罐剪碎，装进自行车的铃盖里，熔化成一块指甲大小的银灰色金属，然后花了六百元在市有色金属研究所做了化验。化验结果出来了，这是一种很贵重的铝镁合金！当时市场上的铝锭价格，每吨在14000至18000元之间，每个空易拉罐重18.5克，54000个就是一吨，这样算下来，卖熔化后的材料比直接卖易拉罐要多赚六七倍的钱。因此，他决定回收易拉罐，进行熔炼后卖材料。

为了能更多地收到易拉罐，他把回收价格从每个几分钱提高到每个一角四分，又将回收价格以及指定收购地点印在卡片上，向所有收破烂的同行散发。一周以后，王洪怀骑着自行车到指定地点一看，只见一大片货车在等待他，车上装的全是空空的易拉罐。这一天，他回收了十三万还多，足足两吨半。

他心想，更大的机会来了，我不能错过！于是他立即办了一个金属再生加工厂。一年内，加工厂用空易拉罐炼出了240多吨铝锭，三年内，赚了270万元。他从一个“拾荒匠”一跃而为企业家，成了百万富翁。从收易拉罐到熔炼易拉罐，一念之间，不仅改变了他所做的工作的性质，也让他的人生走上另外一条轨迹。

你可以想一想，作为一个收破烂的人，他能够想到不仅是把东西收过来，还要改造这些收来的东西产生更大的价值，这就已经很不简单了。而他在改造之后，还能够让思维更上一层楼，把它们送到科研机构去化验，就更是具有让人钦佩的专业眼光。说到具体的过程，绝对是“异想天开”的，首先那六百元的化验费，对一个收破烂的人而言得收多少个易拉罐才赚得回来呢？我相信在1000个收破烂的人当中，敢这样想和敢这样做的，不会超过半个。这简直让人目瞪口呆，一般的拾荒匠是绝对舍不得的，从精神和心灵的角度，他绝对不是收破烂的——这就是现实世界中投资者和打工者的区别，也是思维的巨人与思维的矮子的对比和差距。他虽然现在是一个可怜巴巴的拾荒匠，但他却敢想敢做，而且能想出一套巧妙的办法，于是他早晚会从一个底层的穷人变成了人见人羡的富豪。这将是一个必然的事实。

能够想出来，就要去行动。否则，再美妙的想象力，对我们而言也只是无用的幻想。

有这么一则寓言：两个人手持着弓箭苦苦地等待大雁。终于，大雁飞过来了，两人吵起来了，他们为了射到大雁之后应该怎么吃而争论不休，相持不下。他们吵来吵去，还差点动手打一架。就在他们讨论的这段时间里，大雁早就快活地飞走了。

如果只有嘴上的功夫，种子永远不会发芽，因为你只是在论证种子该如何埋进土壤。等你论证好了，播种的季节早就过了。

美国的历史学家迪斯累利说过一句话："行动不一定就给我们带来快乐，但没有行动我们肯定就没有快乐。"这就是在激活潜意识的想象力之后，我们需要面临的问题：讨论如何吃当然是一种想法，但需要行动的辅助和保证。对于一个创意来说，只是在桌面上讨论是无用的，只有行动才是对它最好的检验。只有穿上了这双鞋子，然后你才会知道它是否挤脚。

在一个古老的国度，有一对好朋友相伴去遥远的地方寻找人生的幸福和快乐。他们一路上风餐露宿，在即将到达目标的时候，遇到了一望无垠的大海，由于风高浪急，他们被迫止步于此。但海的彼岸就是幸福和快乐的天堂，他们不愿就此放弃，于是其中一人建议采伐附近的树木扎成一条木筏，然后渡过海去。而另一人则认为，无论采取何种办法都不可能渡得过这么宽大的海，与其自寻烦恼找对策，还不如等海水流干，再轻轻松松地走过去。

于是，建议造木筏的人每天砍伐树木，辛苦地制造木筏，并顺带学会了游泳；而另一个则每天躺在树下休息睡觉，醒来后到海边去看看海水流干了没有。直到有一天，造好木筏的朋友准备扬帆出海之时，另一位朋友还在讥笑他是在做“无用功”。

造木筏的朋友并没有生气，临走前只对他的朋友说了一句话：“去做每一件事不见得都会成功，但不去做，则一定没有机会获得成功！”

事实证明，大海终究没有干枯，等待海水流干的朋友始终还在等；而那位造船的朋友在一番狂风巨浪之后，终于到达了幸福快乐的彼岸。

现实是我们站的这一道岸坎，理想就在对面，中间则隔着一条湍急的河流。很显然，所有好的构想和计划都是如此，再美妙的想象也不可能离你只有一步之遥，中间必然充满各种变幻莫测的风险。

那么此时，你需要的就是行动了。这是我们企图达成物质富裕和心灵富裕的双重保证：它就是你架在河流之上的桥梁。迈出脚步，方能到达对岸。任何一种伟大的目标和伟大的计划，最终都必然要落实到行动上。

将木筏建造出来的人，他将自己美好的愿望化作了积极的行动，他虽然已经预料到了自己在出海的过程中可能会遭遇到的危险，也可能因此失去生命，但他并没有停下脚步，而是义无反顾地选择了继续前进；那个企盼着海水自己干掉的人——他的想象力真好，愿望很美，他只贪图于眼前的安乐，将改变的希望寄托于他物，自己不主动地去积极争取，注定自己把自己害了——“害死”他的是内心的懒惰与安逸。

一个只是趴在岸边观望的人，他永远也学不会游泳。改变自己的命运是你的愿望，一份伟大的计划或许也正出自于你的头脑，但要达成，你就必须在行动中尝试和犯错，让“异想天开”变成人人可见的现实。

最后，我的总结是，你想要拥有富裕的生活，实现别人达不到目标，你就要敢想敢做。你必须记住，一个好的机会绝不会亲自去登门拜访那些坐着不动的人。一个只想坐着不动的人，他纵然坐在价值连城的金山上（吃着父母留下的老本），终其一生也发现不了新的目标，无法让自己的财富升值。这样的人只能注定永远与财富擦身而过。他如果是穷人，则成不了富人；他如果是富人，则早晚由富变穷，永远地徘徊于人生的低谷，仰望着他人在天空展翅高飞。

请相信，只有异想天开的目标才有真正的价值，只有与之配套的行动才会产生好的结果。你需要为自己孕育这样一片潜意识的土壤，并辅之以坚决的行动。

让激情住进潜意识

在现实环境中，唤醒我们潜意识内的激情并使这种心灵的伟大力量成功地在工作中释放出来，对你我来说无比重要。世界财富榜上稳坐第一把交椅的常客比尔·盖茨先生有一句名言："每天早晨醒来，想到所从事的工作和所开发的技术将会给人类的生活带来的巨大变化和影响，我就会无比兴奋和激动。"他作为微软帝国的创始人，当然是一个对工作充满激情的人。从他的经历中我们可以发现，一个意图使事业成功的人必须具备的一种素质是：

对于工作的激情和事业的忠诚度，这比能力、责任和其他任何因素都更为重要。

工薪族每天都会感觉到自己的工作实在太单调了，许多人每天上了班就盼着能够早点下班。每天傍晚五点前的一个小时内，就没有心思工作了，寻思和算计着老板会不会让加班，以及琢磨一旦加班自己应找什么借口请假。

他们在工作中一旦遇到了一点小的波折，都会产生“我不干了”的想法。不要说让他们具备激情，就连最基本的职业素养都没有。当他们陷于贫穷和不利的逆境中时，又有什么资格抱怨社会的不公和富人的不仁呢？“死亡”程序是由他自己的潜意识开动的。当他痛恨老板开除自己时，他意识不到使自己失业的最大的罪魁祸首正是他自己，而不是上司或同事。

如果现在你也有上述那类人的想法，那么你要注意了。因为这时的你已经将自己的人生当成了一份苦差；你已在减少工作的激情和让自己活得更好的动力。你在工作中的快乐和对事业的渴望每少一分，你向下坠落的速度就会加快一些。

在人体内，潜意识的力量要比意识的力量大得多。在我们每个人的潜意识里，都存在着激情四射的因子。在大部分的时候，它就像一头沉睡的雄狮，看不见，摸不着；但它一旦被唤醒，就喷发出巨大的能量，可以让一个人瞬间精神焕发，释放出连他自己都吃惊不已、不敢相信的潜能、精力和干劲。以至于平时费了九牛二虎之力也做不好的工作，这时非常轻松地就完成了。

以前，当我感觉自己的工作实在了无新意时，我就会努力克制自己去床上躺一会儿或去酒吧喝一杯的想法。也许有99%的人都选择了让自己放松，逃避工作，但我几乎每次都选择了审问自己的内心，与心灵对话：“这难道不是我消极的工作态度造成的吗？难道不是我的内心缺乏激情造成的吗？”

然后，我就恍然大悟，重新拿出干劲和加倍的努力，去面对自己的工作。

唤醒了潜意识的激情，你将是无法打败的。

你是商人、企业老总或管理者，当然需要激情。如果你是一名员工或收入微薄的人，激情就更加重要了。它就像生命一样宝贵。你没有激情就不会真正地坚强起来，就很难将理想和目标用实际行动贯彻下去。你面对枯燥工作时，就很容易中途放弃，丧失活力，从而接受现实。

在我看来，激情不但是打开潜意识大门和驱动潜能量核武库的金钥匙，更是一种帮助你为人处世的优秀品质，是我们顽强生命力的象征。心灵拥有了激情，思想才有了灵感的火花，生命也就具备了鲜明的个性。一个充满激情的人，他对于别人就能产生强烈的感染力，同时也就有更多的解决问题的魄力和方法。

一个明显的例子，是香港商人霍英东。他的出身也许是全世界的亿万富翁当中最苦的一个！他经历了无数的艰辛挫折，但这些都没有打垮他。因为他总是充满了激情，困难越大，他就越兴奋，始终坚信自己可以闯过去，站起来！

霍英东在第二次世界大战结束后捕捉到了一个发财的机会。当时日军投降后，留下了很多机器设备，价钱很便宜，但稍加修理就可以用，且可以卖出不低的价格。由于缺少资金，霍英东难以放手大干。有一次，他看准一批机器，并在竞买中以1.8万港元成交。他回家请母亲帮忙凑钱交款，可是母亲在生意上从来不信任他，不肯给他钱去冒险。霍英东眼睁睁地看着一笔大买卖就要泡汤，刚好有一个工厂老板提出愿意以四万港元从他手中买下那批货，霍英东净赚了2.2万港元。虽然利润不算太大，但经过几次倒卖，霍英东积累了最初的资本。

在朝鲜战争结束后，霍英东马上就预料到，香港的现实是人多地少，随着香港航运事业的繁荣，必然会带来商业及住宅楼的开发。于是，他很快把经营重点转向了房地产开发。1954年12月，霍英东拿出自己的120万港元，另向银行贷款160万港元，创办了“立信置业有限公司”。起初，他自己花钱买旧楼，拆掉后再建新楼，逐层出售。这样当然可以稳妥地赚钱，可是由于资金短缺，发展比较慢。

有一天，有个邻居到工地上找他，说是要买楼。霍英东抱歉地告诉他，盖好的楼已经卖完了。邻居指着工地上正在盖的楼说：“就这一幢，你卖一套给我好不好？”霍英东灵机一动，说：“你能不能先付定金？”那人笑着说：“行，我先付定金，盖好后，你把我指定的楼层给我，我就把钱交齐。”两人就这样成交了。

这一个偶然的事件，使霍英东得到了启发。他想到可以采用房产预售的方法，利用购房者的定金来盖新房！这个办法不但能为他筹集资金，更重要的是还能大大推动销售。这个主意很受欢迎，开售之日，门口排起了长队，这在当时是前所未有的。

霍英东这种大胆的创举扩大了购买范围，他的房地产生意越做越大，资金运转加快，效益日增。短短十年里，霍英东先生成为国际知名的香港房地产业巨头。

这位传奇商业巨子用他的亲身经历告诉我们，很多事不是你做不到，而是不敢去做。许多困难不是战胜不了，而是你没有去克服它的勇气和激情。这跟出身背景、资金的多少无关，只要你的内心充满了力量，总能发现做任何事都可以水到渠成。

一些缺乏激情的人，他们的贫困完全是自己所导致的，跟其他人无关。你可以想象一下，如果一个人很穷，吃了这顿没下顿，很可怜，但他偏偏成天无精打采，什么都不想干，干了又做不好，不投入精力，你会同情他吗？或者是，他做事很平庸，不能进入状态，总是按部就班，不会出大错，但也做不好。我们身边大多是这类人，他们与风险无关，也通常承受不了压力，所以他们的阶层身份，一早就让自己固定住了。

生活中如果没有了激情，人就根本无法兴奋起来，内在的能量畏首畏尾，欲出又止，没有办法全面释放，我们就不可能全心全意地投入工作，不可能创造性地解决在工作中遇到的种种难题，更不可能有创业的力量和改变命运的勇气。对于有野心的人来说，他要成为团队的领袖，就更是一种痴心妄想了。

有一天，通用公司突然宣布要裁员了。在名单中，有内勤部办公室的艾丽和密娜达，按规定一个月之后她们必须离岗，当时她俩因为焦急和难过，眼圈都红了。

第二天上班，艾丽的情绪仍非常激动，跟谁都没有什么好声好气，仿佛吃了枪药。她不敢找老总去发泄，于是就跟主任诉冤，找同事哭诉："凭什么把我裁掉？我干得好好的……这对我来说太不公平了！"她声泪俱下的样子，让人既同情，又不知该怎样劝慰她，而她也只顾着到处诉苦，以至于她的分内工作：订盒饭、传送文件、收发信件等，都不再过问了。

她原本是个很讨人喜欢的人，但现在她整天气呼呼的，许多人都开始有些怕和她接触，躲着她，后来就有点厌烦她了。

密娜达与她不同，在裁员名单公布后，虽然哭了一晚上，但第二天一上班，她就和以往一样地工作了。由于大伙不好意思再吩咐她做什么，她便主动向大家揽活，面对大家同情和惋惜的目光，她总是笑笑说："是福跑不了，是祸躲不过。反正这样了，不如干好最后一个月，以后想干恐怕都没机会了。"每天，她仍然非常勤快地打字复印，随叫随到，坚守在自己的岗位上。

一个月后，艾丽如期下岗，而密娜达却被从裁员名单中删除，留了下来。主管当众传达了老总的话：“密娜达的岗位，谁也无可替代，密娜达这样的员工，公司永远不会嫌多！”面对的同样是下岗的厄运，艾丽消沉、抱怨，而密娜达却与之相反，虽然她的内心同样难过，但她明白“天有不测风云”，遭遇困苦在所难免，既然事情已成定局，再伤心也无济于事，那么何不以另一种姿态积极地对待呢?

如果你问我穷人战胜逆境有什么诀窍，我只有一个建议：请一定保持工作的激情，笑对迎面而来的挫折与困苦——尽管它们有时来势凶猛，让人不得不低下高贵的头，被困在黑暗“地穴”中暂时挺不起身。只有这样，用激情去迎战它们，始终保持乐观的心态，让潜能向积极的方向释放，这些暂时的苦难才能更快地被自己甩到身后和踩在脚下，冲过这一关，我们才可以开始另一段新的寻找幸福的征程。一句话，激情是击败困难的动力，也是产生乐观的基础。

同样一件事情，在做的时候有热情和没有热情，效果是完全不同的。有热情的人充满活力，工作起来有声有色，完成得非常好，业绩辉煌；没有热情的人，他表现懒散，对工作总是冷漠处之，即使潜在的能力很强，也没法发挥出来。他的业绩惨淡，让老板讨厌，让同事鄙视。

由此可见，只有持久地保持热情，我们才有机会积累财富和取得成功。

没有激情的人，永远不会有真正的行动。

穷人总是渴望发大财，这是事实，但多数人却只是空洞地渴望。他们的内心没有去勾画未来也没有行动的激情，所以永远不会有真正的行动，他们的发财也就只能永远停留在梦想的阶段而无法变成现实。

财富需要创造，创造就需要激情。你必须享受财富之旅，而不能只为了钱这一个目标。那些精力充沛的人，他们比大多数的人更有毅力、恒心、创造力和趣味。他们有强大的感染力和激发内在的灵感的能力。所以他们才能超越自己的极限，创造“不可能完成的奇迹”。你觉得他们是走了狗屎运，但他们是靠自己的能力达成的——你也能做到，只是你不如他们对能到达顶峰深信不疑。

下面是发生在大草原上的一幕：

每天的清晨，当太阳刚刚升起，露珠还未完全消失，动物们已经开始了一天的奔跑。最先跑起来的是羚羊。它们成群结队地跑过平缓的山冈，找到水源，在短暂的休息之后又开始新的奔跑。就在离它们不远的地方，也许就在附近的草丛里，狼群也在奔跑。它们的奔跑是为了羚羊。当狼群开始奔跑的时候，狮子也开始了奔跑。它必须赶在狼群之前找到一日的早餐，否则，今天可能又是一个忍饥挨饿的日子。

它们每天都在上演着永不停歇的奔跑比赛，完全是自己的本能，没有任何的外在力量主导和控制。这是来自于内心的驱使：“我要么生存，要么死亡。”强大的生存意念，使动物们意识到，只有奔跑起来才能活下去，不能有侥幸的想法，企望在自己停下来时，凶残的天敌会对自己嘴下留情。同样，也只有跑起来的动物才能获得比同类更好的生存环境。

简而言之，这也是适用于人类的生存法则。有强烈的激情，你才能“跑起来”，富有行动力。你不能只满足于基本的生存，没有动物吃你就好了；你要不断追求更好的人生，追求更大的成就，投入渴望，使潜能动荡并释放，不断创新，才能赢得更好的生存环境，享受更高的成就。

奖赏只属于充满激情的人。

你在渴望老板的奖赏吗？如果你足够优秀，你就会得到满足。但充满激情的人，他们不会只为了得到夸奖和奖励而工作，而是为了内心的满足。他们油然而生一股工作的激情，对自己的事业有着强烈的兴趣，充满无穷无尽的动力和把它做好的意愿。他的目的只有一个：为了让自己能更加优秀。

微软公司招聘员工时，有一个很重要的标准：被录用的人首先应是一个非常有激情的人——对公司有激情，对技术有激情，对工作有激情。你也许会觉得奇怪，微软怎么会招这么一个人？微软一位人力资源主管一语道出了内中的真相："我们不能把工作看成是几张钞票的事，它是人生的一种乐趣、尊严和责任，只有对工作拥有激情的人才会明白其中的意义。"

很显然，充满激情正是一个人热爱工作的标志。在老板们的眼中，这一条有时比纯粹的工作能力更加可信。

在职场，不会有人愿意同一个整天委靡不振的人交往和共事。同理，也不会有一家公司愿意招聘一个时时刻刻都提不起精神的人。当然，更没有一位老板愿意重用一个精神低落和整天发牢骚的员工。

我们只要和那些自以为人生不太如意的人聊上一聊，去深入了解他们的生活你就会发现，他们不是真的过得不好，也不是赚不到钱。他们之所以怨天尤人、愤愤不平，总爱为自己的失败寻找借口，不过是出于自己心灵上的缺陷。他们的潜意识是封闭的，思想没有活力，心灵如同冰块。这样的人只能自毁前程和自食其果，在成功者面前显得格格不入，无所作为。

当那些能改变他们命运的人在寻找能够助自己一臂之力的人的时候，他们不是迎难而上，果断举手，而是冷眼旁观。他们不想付出，只想上帝将果盘送到他们的嘴边。他们没有一丝一毫的热情，所以这些人在失败后，始终不明白自己的工作如此不如意，到底是什么原因造成的。

其实，是他们在自己的位置上，没有明白一个基本的事业的生存规则：

老板的奖赏只会给予那些对工作充满激情的下属。

一个没有激情的人，他从事的工作再怎么高端，让人羡慕，他也不可能在上面待得太久。一个心灵偷懒的人，他怎么可能享受得到创造的快乐和成长的喜悦？因此他也就没办法拥有成功的事业和充实的人生。

丢掉贫穷的情绪

在这里，我会告诉你，并和与你一起总结影响我们走上富裕之路的贫穷的情绪到底有哪些。在现实中，许多人缺钱，但我们知道，缺钱仅仅是一种经济状态，它可以改变，而且很容易改变。但贫穷却往往是一种心理状态，如果意识不到它的存在，那将会产生非常严重的后果。最可怕的穷困是来自于心灵的贫穷，它会让人们产生种种心理问题，表现在表面的，是一系列的贫穷的情绪。

一个潜意识中充斥着贫穷心态的人，他是很难在现实生活中活下去的，更谈不上突破阶层之间的厚墙，改变命运和获得成功了。

现在我告诉你，穷与富在本质上，只是一个相对的概念。在马云和李嘉诚面前，你当然是一个穷人；但在那些利比亚难民面前，我们却个个是大富翁。因为你拥有比他们多得多的财富和机会。

成功饥渴症：只想一夜暴富

很多时候，我们因为自己的贫穷自卑、焦虑甚至愤怒和绝望，这都是因为“成功饥渴症”的折磨。这其实是渴望成功的心理到了顶点而产生的物极必反的负面情绪。在潜意识中，同时这也体现了我们的内心对于财富的功利渴望，是物质欲望的表现。

经常产生这种情绪的人，他们极度地崇尚金钱和关注物质，是拜金主义者。他们忧虑于自己的前途，期望改变现状，但却忽视学习和奋斗的作用。对于成功，他们缺乏耐心，不愿安静下来用几年的时间踏实地做一件事，而是极力地想搭上顺风车，想快速地一夜暴富，恨不得一觉醒来，就发现自己成了百万富翁，拥有了一家资产过亿的企业。

有一位青年给我写来一封苦水满腹的信，他告诉了我现在他的心理状态是多么让他难过，并告知我他需要根本性的帮助。

高先生，我最大的梦想就是发财，而且是迅速地发财，因为我的基础实在太差了，没有富翁爸爸给我一笔巨额遗产。按道理，想发财做股票比较好，但是我没有那么多钱。怎样才能既轻松又容易地像股票升值一样坐地收钱呢？我实在不愿意耗费体力去做实业、推销什么的苦活，办实业、做经销代理的人都是需要耐心的，会付出大量的时间成本，而且创业阶段免不了吃吃“皮带”，喝喝“野菜汤”，勒紧裤腰带过日子，我才不那么傻呢。

于是，思量了几天，有一天我路过一个彩票亭，那里人满为患，许多人在排队买彩票。我意识到这是一条不错的捷径，投入少，获利多。最后我实在抵挡不住诱惑，因为报纸上曾登过有人一下子买了五万元的彩票中了头奖的报道。为什么我不会有这种好运气呢？我一样有机会！头脑一热，我就将手上所有的钱用来买彩票了，这笔钱足有六千元。但是结果却是，颗粒无收！

请您告诉我，我怎样才能摆脱这种状态？

这样饥渴的心态其实正是当今的社会普遍存在的贫穷心态，全世界每个角落都充斥着它的身影。它固执地霸占了人们的心灵，主宰着人们的思维模式和潜能量的释放方向。而将这种贫穷心态发挥到极致的，便是国内一个电视名人的名言：“我宁愿坐在宝马车里哭，也不愿坐在自行车后笑。”想一想，在这种欲望的主导下，当今社会出现大量的为了钱不择手段的行为，也就不足为怪了。

自卑、焦虑和抑郁

心灵贫穷有一种最突出的人格特质，是自卑和焦虑的混合。这是导致抑郁心理产生的重要因素。特别是当一个人在“成功饥渴症”的影响下，不停地为了钱而奋斗，但在现实生活中却处处撞墙，总有一天他会崩溃，然后产生强烈的焦虑和抑郁。别人成功了，他却没有。他变得自卑、内向、谨慎、情绪不稳定，参与社会的程度降低，喜欢一个人相处，不相信别人，更加渴望有个贵人来拯救他。

我们经过了长时间的研究，发现了一个很有趣的现象：当人们对一件事情很渴望，但是觉得自己没有办法解决的时候，他往往会产生一种厌倦的情绪，在行为上逃避继续做这件事。但实际上，在他们的内心深处，他对于继续尝试还是很渴望的，可他已经不相信自己的实力。他的潜意识中，会认为自己没有时间了，焦虑的大火会烧尽他的信心，使他厌世和避世。

案例一：

有这样一个小裁缝，经过几年的艰苦学习，学徒期满了。这一天，裁缝店来了一个德国人，他要求小裁缝按照他的尺寸做一条西裤。想着自己第二天就要出师门，另谋出路，小裁缝有些迫不及待，根本没把心思花在上面，不像以前那样对待每件衣服都精工细做，一丝不苟。结果，出师前的最后一条西裤被他做得粗糙不堪。

德国人对着小裁缝的师父无奈地耸耸肩，摇着头走出店门。师父这才惋惜地告诉徒弟，那位德国人来自欧洲一个很著名的服装企业，他到中国要招聘一批缝纫技术工。这位师父为了让徒弟有更好的发展，费了好大的劲才把人家请来的。但是让他失望的是，这位技术过硬、心灵手巧的徒弟却做出如此粗糙的裤子来。

小裁缝没有善待手上的最后一条裤子，也让这个难得的人生机遇从自己的手上溜走了。其实，不只是小裁缝，我们又何尝没有如此的心态：起初对生活对事情充满热忱，好像有用不完的力气。可是时间一长便变得漫不经心，觉得厌烦无聊，对事情总是消极应付。在关键时刻，当机会来临时，因为没有尽力去做，结果悔恨不已。

案例二：

有一家电脑公司，赶了一批货交给一家新开发的客户，交货之后，却迟迟不见客户将货款汇来。等了两个星期后，老板亲自到客户的公司拜访。老板在这家公司等了很长一段时间之后，得到一张可立即兑现的现金支票。

老板拿着现金支票赶到银行，但是柜台小姐告诉他，这个账户内的存款不足，他的支票根本无法兑现。老板明白是那个客户故意耍诈，想刁难他。原本他想立刻冲回客户的公司和他大吵一架，但是，这个老板一向秉持着“和气生财”的经营原则，所以他压下自己的怒气，向银行的柜台小姐询问这张支票之所以无法兑现，到底差了多少钱。由于老板的态度很诚恳，柜台小姐也很热心地帮他查询。查询的结果是，户头内只剩下98000元，跟他的支票金额只差2000元。

正如老板所料，这个客户是存心和他过不去。老板灵机一动，从身上拿出2000元，请柜台小姐帮他存到客户的账号里，补足支票的面额10万元后，再将支票轧进去。这样，他就顺利地领到货款了。

需要特别指出的是，抑郁是持有贫穷心理的人问题较为严重的一个方面。凡是贫穷的状态，最终必然消灭潜意识中的开朗和快乐的细胞，将心灵的天空罩上一层厚厚的乌云，遮住阳光。很多人由于严重的自卑和绝望，产生了逐渐加重的自虐意识，从而导致了自轻、自贱和自我鄙视，对自己持有完全否定的态度和情感体验。有的人开始独处，对工作不再有激情，得过且过；有的人缺乏生活的积极性和主动性，抑郁孤僻，潜意识自我封闭，丧失了挑战困难的勇气和信心；还有的人干脆抛弃了自己的人生理想和生活目标，消极地对待余下的人生以及生活中的一切；最严重的，莫过于对人生彻底绝望，相信暴力，或产生自杀倾向。

抱怨和愤怒除了让问题更糟，没有任何作用。

一个根本的问题是，并非这个世界对待我们不公平，存心让你过不好，给你无边无际的痛苦，而是你的方法不正确。

当你面对困难和挫折的时候，去积极地寻求解决的方法、把事情处理好，才是改变现状的最好的途径，而不是大喊大叫、摔东西和表现愤慨。抱怨客观因素永远不会有好结果，你也不会因为抱怨就获得人们的同情。在愤怒的情绪的支配下，最大的受害者只能是你自己。

生活在休斯敦的苏珊是一个脾气暴躁、容易情绪激动的女孩，经常因为小事和别人吵架。她很容易愤怒，人际关系因此越来越紧张，结果男友也难以忍受她的坏脾气，和她分手了。直到有一天，她觉得自己已经处于崩溃的边缘，只好打电话向她的好朋友约翰求救。

约翰向她保证："我亲爱的朋友，我知道现在对你来说是有点糟，可是只要经过适当的指引，一切都会好转。你要做的第一件事就是让自己安静下来，好好地享受一下宁静的生活。

听了约翰的话，苏珊开始试着放弃先前忙碌的生活，好好地放松一下自己，她先给自己放了一个长假。

当她已经稳定了一段时间之后，约翰又建议道："在你发脾气之前，不妨想想，究竟是哪一点触动了你。你可以拥有两种思考，一种是让每件事情都在脑海里剧烈地翻搅，另一种则是顺其自然，让思想自己去决定。"

然后，约翰拿出两个透明的刻度瓶，分别装了一半刻度的清水，随后又拿出了两个塑料袋。苏珊打开来，发现分别是白色和蓝色的玻璃球。他说："当你生气的时候，就把一颗蓝色的玻璃球放到左边的刻度瓶里；当你克制住自己的时候，就把一颗白色的玻璃球放到右边的刻度瓶里。最关键的是，现在，你该学会控制自己的情绪，如果你不试着控制自己的情绪，你会继续把自己的生活搞得一团糟。"

此后的一段时间内，苏珊一直照着约翰的建议去做。后来，在他的一次造访中，两个人把两个瓶中的玻璃球都捞了出来。他们同时发现，那个放蓝色玻璃球的水变成了蓝色。原来，这些蓝色玻璃球是约翰把水性蓝色涂料染到白色玻璃球上做成的，这些玻璃球放到水中后，蓝色染料溶解到水中，水就变成了蓝色。

这时，他借机对苏珊说："你看，原来的清水投入'坏脾气'后，也被污染了。你的言语举止，是会感染别人的，就像玻璃球一样。当心情不好的时候，要控制自己。否则，坏脾气一旦投射到别人身上的时候，就会对别人造成伤害，再也不能回复到以前。所以一定要控制好自己的言行。"

后来苏珊发现，当她按照好朋友的建议去做时，人真的不会那么暴躁了，事情也容易理出头绪。在此之前，她的心里早已容不下任何新的想法和三思而后行的念头，已经形成了一种焦虑的习惯，这些让她恐惧慌乱而且变得情绪化。

当约翰再次造访的时候，两个人又惊喜地发现，那个放白色玻璃球的刻度瓶竟然溢出水来了，看来她对于自己的克制成效不小。慢慢地，她已经学会了把自己当成一个旁观者，来看清自己的意念。一旦有了愤怒或抱怨等不好的想法，很快能够察觉，在即将失控的时候就及时制止。这样持续了一年，她逐渐能够信任自己并做到静观其变，生活也步入正轨。她重新得到了一位优秀男士的爱，美好的生活又回来了。

其实，你在抱怨别人的时候其实就是在抱怨和放弃自己，你在明白无误地用这种方式告诉强者："请鄙视和唾弃我吧！我服输了！"强者相信路在自己的脚下，而不是自己的嘴里。你只要正确地认识到了问题出在哪里，拿出积极改变的决心，才能战胜这些困住了我们心灵的各种贫穷的情绪。

不计暂时得失

我们会发现穷人往往无法逃脱掉眼前利益的陷阱，他们小富即安，只想得到现实的好处，对于看不见的远景回报，则漠不关心。穷人经常认为，现在能得到的利益，才是最大和最好的，因此要不惜一切代价争取这些。可事实往往是，他们以行为证明了自己的错误，因为最后他们总是发现，如果用同样的精力和时间去做另外一件事情，采取另一种处理的手段和策略，虽然暂时不会得到太多的好处，但假以时日，却能从根本上改变自己的命运。

当他们认识到这一点时，有的人后悔万分，他会说："唉，假如当初我这样做就好了！"还有的人充满遗憾："我为什么没想到呢？"另外一些人则表现得很骄傲："这证明我也有能力嘛，有机会嘛！"

但是不管他们表现出什么样的态度，对于大多数人来说，接下来采取的行动通常是一致的，那就是没隔几天，就忘了这件事。当下次机会来临时，他们还会犯下同样的错误。

有一个青年，他非常羡慕一位富翁通过奋斗取得的成就，于是他跑到富翁那里询问他成功的诀窍。富翁弄清楚青年的来意后，什么也没有说，转身到起居室拿来了一只大西瓜。青年迷惑不解地看着，只见富翁把西瓜切成大小不等的三块。

如果每块西瓜代表一定程度的利益，你会如何选择呢？"富翁一边说，一边把西瓜放在青年的面前。

"当然是最大的那块啦！"青年毫不犹豫地回答，眼睛盯着最大的那块。

富翁笑了笑："那好，你请用吧！"富翁把最大的那块西瓜递给青年，自己却吃最小的那块。

当青年还在享用最大的那一块西瓜的时候，富翁已经吃完了最小的那一块。接着，富翁得意地拿起剩下的那一块，还故意在青年面前晃了晃，大口地吃了起来。其实，那块最小的和最后一块加起来要比最大的那一块大得多。

青年明白了富翁的意思：富翁吃的西瓜虽没有自己的大，却比自己吃得多。如果每一块西瓜代表一定程度的利益，那么富翁赢得的利益自然比自己多。

吃完西瓜，富翁语重心长地对青年说："要想成功就要学会放弃，只有放弃眼前利益，才能获得长远利益，这就是我的成功之道。"

在这则故事中，我们很容易就能看到眼前利益与长远回报的对比。那名富翁吃的西瓜看上去很小，没有青年吃的那块大，但他最后却比青年吃得多。因为他能够将整个过程都看得很清楚，每一块西瓜都代表了一定程度的利益，结果就是富翁能够看到最后的结果，所以他获得的利益远远超过了那名年轻人。

这也就表明，如果你过分地着眼于眼前的利益，将无异于杀鸡取卵，给自己的将来设置巨大的障碍。拿出眼前的利益去为自己换取更重要的长远利益，这才是我们最明智的选择。

从前，有两个饥饿的人得到了一位长者的恩赐：一根钓鱼竿和一篓鲜活硕大的鱼。其中，一个人要了一篓鱼，另一个人要了一根钓鱼竿，之后他们分道扬镳了。得到鱼的人原地就用干柴搭起篝火煮起了鱼，他狼吞虎咽，还没有品出鲜鱼的香味，转瞬间，连鱼带汤就被他吃了个精光。不久，他便饿死在空空的渔篓旁。另一个人则提着钓鱼竿继续忍饥挨饿，一步步艰难地向海边走去，他经过遥远的跋涉，来到了海边，从此，开始了捕鱼为生的日子。几年后，他盖起了房子，有了家庭、子女，有了自己制造的渔船，过上了幸福安康的生活。

还有一个类似的故事：从前，有两个很饿的人遇到了一个好心的老婆婆，老婆婆分别给了他们一小袋面粉和一只锅，他们拿着这些东西就分道扬镳了。

得到面粉的人拾来了一些干柴，他把面和水揉成团，把面团烤熟了吃。他狼吞虎咽，还没有吃出味道，转瞬间就把烤熟的面团吃了个精光。不久，他便饿死在空空的口袋旁。

另一个人则提着锅继续忍饥挨饿，一步步艰难地向集市走去，准备把锅子卖了换吃的。可当他刚听到集市热闹的叫卖声时，浑身的最后一点力气也使完了，他也只能带着无尽的遗憾撒手人寰了。

另外两个饥饿的人同样得到了老婆婆的面粉和锅子。只是他们并没有各奔东西，而是共同商定如何使用这两样东西。他俩只用了一点面粉充饥，然后来到集市上，一个人把面做成饼，一个人用柴生火，用锅把饼烙熟卖给路人，换来钱继续买面做饼卖。就这样，他们在集市上经营起了自己的烙饼生意。几年后，他们在集市上开了一家餐馆，过上了富足安康的生活。

一个人如果只是顾及眼前的利益，他能得到的只能是短暂的快乐和满足。因为眼前的利益终究并不长久，它很有限，也很短暂。等到这些好处享受光了，他才发现自己又回到了一无所有的原点。

这个道理很简单，启示也很深刻，但在现实中，人们就是很难做到。

科学家曾经做过这样一个实验，就是把五岁左右的孩子关在一间屋子里，接着，一个成年人进来把一块棉花糖放在孩子的面前，对孩子说："如果在我出去的十五分钟里，你没有吃这块棉花糖，我回来后将再给你一块。"

2：1的交易回报率，100%的投资！即使是对一个五岁的孩子来说也是相当有吸引力的。但对五岁的孩子来说，十五分钟是一段很长的时间，而且周围没有人管束自己，棉花糖变得让人实在难以抗拒，于是有的孩子很快就把手中的棉花糖吃掉了。只有极少数孩子拿到了第二块棉花糖。

这项实验的观察结果是什么？几年之后我们发现，那些和大人离开不久就吃掉了第一块棉花糖的小孩相比，当时并没有吃掉棉花糖的人（其中有些人甚至可以忍受更长的时间，很好地控制了自己的欲望），他们在学校里表现得更加优异：他们和别人相处起来更加融洽，也能承受更多的压力。这是因为他们可以抵御诱惑，相比另一些人，他们的心灵更加强大，可以很好地控制潜意识中的各种欲望，因此他们的人生也就更加成功。

让自己拥有延迟满足自我欲望的能力，将帮助你拥有更大的机会去获得未来的成功。所以，我们推崇的那些真正的富人，他们都是拥有这种能力的人。穷人则恰恰相反。

相信我，那些走到最后、可以长久致富的家伙，他们大多能够抵御住棉花糖的诱惑，不为小利蒙眼，埋头苦干，耐心等待最后的收获，因此他们得到的是最大的果实。持相反态度的穷人呢？他们只能得到有限的满足，永远都是这顿饱了下顿饥。

麦克和哈里是高中同学。为了追求漂亮女孩，麦克买了一辆樱桃红的雪佛兰科维特敞篷车，他用举办二十岁生日晚会的钱支付了定金，然后找了一份工作支付月供和保险。而那辆车也的确在麦克追求女孩子的过程中起到了作用。从安娜到乔伊，麦克记女友电话的笔记本上满满当当的，他甚至用那辆车载着返校节皇后到处兜风。

而哈里开的是一辆已有十年历史的德士汽车，这是他能够找到的最便宜的交通工具——因为它的价钱只有350美元。“对漂亮女孩的吸引力”，哈里和他的车都没有，但是四年中哈里省下了上大学的足够费用，因为他深信如果要获得一生中最想要的一切，教育是关键所在。

十年之后，麦克和哈里的命运截然不同，麦克高中毕业后，没有继续深造，后来辗转进了一家公司当驾驶员。而哈里大学毕业以后，与同学合作开了一家公司，几年后就拥有了上百万的资产。十年前，麦克的车能够暂时满足他所渴望的东西，他想要立刻拥有最好的车和最热辣的女孩，但从长远看，这些却都离他而去了。十年后，他甚至连自己的车都没有——他开着公司的车，再也没有优雅漂亮的女士会对这个戴着司机帽的家伙感兴趣。

我在培训课上讲过这样一个笑话：有人问一个穷人，现在给你一百万，或者是第一天给你一美元，第二天给你两美元，以后每天给你头一天两倍的钱，一共三十天，你会选择哪一个？穷人毫不犹豫地回答：“我想要那一百万美元。我才等不及分三十天拿那笔该死的每天增加一倍的钱呢！”

这对于生活中的短视者是莫大的讽刺，当人们让自己的潜意识只关注那些眼前的利益，而没有进行长远的规划时，他们的痛苦就开始了。他们为了眼前的一百万美元，轻易地牺牲了一个月后就可以得到的五亿美元。这就是问题的所在，他们的急躁和短视到了连三十天都无法容忍的地步。

财富不是“我”的终极目标

对人们来说，物质的财富并非越多越好——在全球各地拥有很多套房产的人也许每天都生活在痛苦之中，因为财富的增长要与心灵的成长并行，才能为我们带来真正的幸福。当我们在学习潜意识的能量聚集，提升心灵的修养时，至高目标是能够聚集到健康和平和的能量，向周边的环境发送出去，当它们回馈过来时，将能为我们带来健康、平和、感恩、爱以及生命的富足。如果你只能向外发送和释放你的内心对于金钱的无止境的渴望，对不起，你得到的只有势利、急躁和永不满足的饥渴感，最终这会害了你。

为什么华尔街的大金融家们都越来越喜欢过避世的生活？

这是一个有趣的事实。因为这样，他们就能摆脱物欲的控制，使自己有更多的时间进行思考，培养心灵的安宁。但是另一些人，他们既不是大金融家，也不是一般的企业主或收入丰厚的高管。他们是穷人，却总在鄙薄心灵的力量，对于物质的追求，就像小孩在看一株即将开花的树，每隔几秒就瞪直了眼睛看它一会儿，恨不得它立刻开放给自己看。他们生活中唯一的目标就是钱，除了钱，没有任何追求。越是抱着这样的心态，上帝偏偏越会惩罚他们。

上帝冷笑着说：“你越是追求财富，我就越不会给你！”

当事情变得极端时，就不好玩了。为了追求财富而产生的奋斗行为，人就被物欲化了，心灵扭曲，潜意识的力量释放出来，成为一种散发着邪气的能量，让人变得刻薄、自私、功利和冷漠无情。

我在美国发现很多大财团的总裁们在自己的生活中其实都非常虔诚，他们无比渴望心灵的宁静。比如有一位公司老板，他告诉我，自己只要一闲下来，就会捧着一本《圣经》，读几段，然后把手放在上面，闭上眼睛什么都不想，只为了找到心灵的那块净土。

包括很多在经营中非常理性的商人，甚至美国国家科学院的科学家、哈佛大学的教授，他们拥有丰富的人生阅历，却也会相信鬼神，有所敬畏。确切地说，他们相信的这些——不是鬼神，而是心灵的信仰，它藏在我们潜意识的最深处。这些人之所以这么做，是因为他们需要一颗平静的心，是除了财富之外，对人来说最宝贵的东西，最高贵的一种境界。

也就是说，心灵的宁静与物质的成功是一对孪生兄弟，缺一不可。

真正的富裕是心灵的宁静，而不是财富的拥有。

获得潜意识的直觉通常需要我们心灵的宁静，这是我一直主张的潜能修炼的宗旨之一。为自己找到一种宁静的状态，然后静心思考，去解决许多重大的问题。在这时，我们思考的不应该是如何拥有财富，而是如何让自己更加平和地面对物质。

所以你会看到，大凡是成功的商业人士，他们一般都有属于自己的一间单独的办公室，免受到外界的干扰。这不仅是一种地位或排场，更多是为了思考的需要。现实中，大部分的人当然没有单独的办公室，但我们仍有办法，我建议你为自己找一个每天都可以独自待上几分钟的地方，在那里抛开一切物质方面的琐事和烦恼，完全进入潜意识，以使自己洗涤浮躁，获得心灵的宁静。

有哪些因素会影响我们达成此目标呢？1、工作没有节制；2、玩乐不受控制；3、极度渴望钱的状态。除此三项，其他任何的没有节制的潜意识的思维及行为，都会让我们变得浮躁起来，从而降低心灵的活力。

要做到心灵的宁静并不容易，因为每个人都容易被事物糟糕的表象所影响，从而无法遵从潜意识的直觉行事，失去宁静。在独立思考方面，我们总会表现得很吃力，这比完成一项艰巨的现实工作要耗费巨大，但并不意味着我们没有办法控制心灵的方向。因为大多数时候，在我们看来十分重要的一些问题，其本质上只不过是因为我们太渴望赚钱了。如果能够压抑住赚钱的目标，使潜意识觉得“钱并不是最重要的”，不被表象影响，去思考应当思考的内容，我们就能较为顺利地得到心灵的宁静。

有一家日本料理店，反其道而行地开在了一条小巷里，不但没有店招牌，甚至也没有菜单。然而，每天从傍晚开始，总有食髓知味的老饕，陆续朝着店门口那盏晕黄的灯走来。

店里的装潢并不奢华，却平添了几分家常味，每一位客人入座后会简单地和老板攀谈几句，当老板特别问明了客人不吃的食材之后，其余的就全交给老板决定了。果然，端上来的菜色，虽是时令常见食材，味道却分外新鲜，常让人惊异这么普通的菜蔬鱼肉，口感竟可以如此美味。

就是这么一家小店，摆了几张小桌，每天招待几组客人，老板和食客总是相谈甚欢，口耳相传的结果，竟也座无虚席。

据说，这位店老板曾经亲自到日本拜师学艺很长一段时间，对于食材的处理和烹调，磨炼出扎实的好手艺，尤其讲究食材的原味。开店以后，更不时重回日本探访各式小吃的制作方法，力求让自己的料理技术迈向更高境界。

曾经有人问过他为何不扩大经营，借此大赚一笔？以他的手艺和质量，想成为人气名店并非难事；但是，店老板却认为，他只是在做自己喜爱的事，他煮菜给人吃不是为了赚钱，而是为了让人和他一起分享美味。真要把店面扩大，就必须增加人力与物力，最后做菜不再是享受和乐趣，而变成了一种枷锁和束缚，那并不是他想要的生活。

很显然，从这个例子我们可以得到一个反证：如果我们只是想赚钱，就谈不上心灵的富足了。正是因为太多人的内心充满了欲望，所以才会不满足，产生强烈的挫折感。挫折感越多，他们对于金钱的渴望就越大，从而让自己更加不幸福，也就使自己的命运继续在穷人的角色上固化。

成功的富人都拥有丰富的内心世界，他们实现了心灵的自在。

在前面的案例中，那位店老板的生活哲学，就是一种快乐人生的原则。他将心灵的收获纳入了自己拥有的财富的范畴，虽然他不是什么全球首富，也没有亿万的身家，但在我看来，他无疑是一位富足的人。

你要清楚，一位真正的富人，他们应该是一位心灵和物质上都很富足的人。他们不仅可以让自己得到财富，而且还能够回馈社会。

那么，如何让自己成为一个真正的富有的人呢？

按照贫富标准，我们可以把人分成四种：

① 真正的成功者：同时也是真正富有的人，因为他们在心灵和物质上都是富足的。

② 贫穷但快乐的人：他们在物质上有所匮乏，在精神上却是富足的，所以他们虽然不是富人，但很快乐。

③ 富有但不快乐的人：他们虽然在物质上很富足，但内心却

很贫乏，他们只想自己得到利益却从来不想回馈社会。

④ 真正的失败者：物质和心灵双重贫乏的人，他们很可怜。

富足能拿来作现实的比较吗？它的比较的标准是什么呢？金钱、地位、权势还是名望？都不是。它在于追求富足的过程中你是否使心灵得到了成长，是否不断地增加了自己的勇气、信心、智慧和实现理想的内在力量。上述这些，才是真正能够进入你的生命、并伴随我们一生的优良品质。富足也不是你的生活是否安逸和丰裕，你身边有多少人替你打下手，听你差遣，而是你是否学会了怎样去爱人、爱生活、爱自然、爱自己，以及生命中的一切。

对于那些世界级的富人，人们往往只看到他们身上的光环，却极少去探究他们的内心世界。他们竟然可以赚到这么多钱，平时一定很抠门吧？许多人会这么想，他们觉得不重视钱就很难拥有很多钱。但其实，越是成功的富人，他们就越不在乎钱，而且都有帮助别人的想法。

他们是快乐的富人——因为只有快乐的人，才会最终富有并长期富有。

在这个世界上，富有的人不一定快乐，但是内心快乐的人却一定会富有的。没有钱，他们也有一颗宽容和乐观的心灵。

所以，如果你不能立刻让自己变得有钱，那你首先应做的事情，不是制订一份财富计划，而是让自己变得快乐起来。这是打开潜意识的伟大力量的钥匙，当你快乐地面对人生时，只要你内心的思维和方法与你的条件是匹配的，你早晚都能富有。一个如此快乐和强大的人，就算有人把他的事业、金钱及得到的一切都拿走了，他还可以很快地重新建立起来，因为他的心灵拥有在这个宇宙中最伟大的力量。

变得有钱当然是来自于自己在事业上的成功，但这种成功并非只是给你带来了一个结果。成功往往是一个过程，财富的获得在于如何去做，而不在于最后的“得”。

在此过程中，我们不但要发挥出最好的自己，还要为他人创造同样的机会和提供帮助。即，用自己的经验和财富去帮助他人成功，使自己获得心灵的满足。如此，我们才能成为一个真正成功、富有和幸福的人。我们在获得物质富有的同时，也实现了心灵的幸福。要实现这样的生命，我们必须使自己的心灵博爱和宽容，以诚实和正直为基础，追求心灵的成长，控制我们潜意识中对于物质的功利欲望。

如何使自己成为真正的富人：四种思维助你拥有富足的心灵。

一、要相信知识比财富更能改变我们的命运，财富的创造建立在知识的基础上，要努力使自己成为一个热爱知识胜过财富的人。

二、我们应该建构属于自己的独特竞争优势，它是我们的核心竞争力，是别人无法取代的。比如我们比对手更关心他人，拥有一颗对于他人的同情和关爱之心，仅此一点就不容易被取代。

三、为自己找到和树立一项明确和高尚的使命，比如你应为了惠及大众去追求财富而不仅是满足自己的消费。就像摩根、卡耐基他们做的那样，赚钱的同时不忘发展慈善事业。为了使命感去工作的话，你看到的格局就会更大。格局的大小决定了你视野的远近，同时也左右着你赚取财富的能力。

四、我们要考虑为自己建立双赢的价值观。你应懂得为别人考虑，甚至以他人为先，愿意无私付出。只要确立这种心态，我们自然能够得到回报。

第八章

破阶的秘密武器

循序渐进：一口气吃不成胖子

有一个事实是很清楚的，不管你有多强的能力，机会有多么千载难遇，想成为有钱人，改变命运，并不是一件一蹴而就的事情。

在现实中，很多人——包括你我，我们可能正处这个社会阶层的最底端，你的心灵也十分贫穷——缺乏某些激活潜能量的方法，虽有野心但却不知如何迈步。于是你十分急躁，梦想一夜之间完成这种转变。

但是再怎么疯狂进食的人，他也不可能一口气吃成一个大胖子。一日三餐，总得根据身体的需要逐渐补充营养。也就是说，我们需要为自己设定一个长远与合理的目标来指引方向，只有这样才能够步步为营，阶段性地实现目标，并始终坚持正确的方向，在这个基础上纠正错误，调整思路。一个伟大目标的实现往往都需要耗费较长的时间而不是在短期内就能够达成，这是毫无疑问的，而在短时间内迅速突击的效果通常不是很明显。

我们看到的现实往往是，人们喜欢短期目标，幻想通过一两次或集中的努力，就把事情做成，使自己获得傲人的成绩。他们对远期的、见效较慢的东西不太感兴趣。这是人的潜意识的弱点。

当然，需要记住的是，一个目标即使制定得再远大，如果实行起来比较空洞，缺乏可行的计划以及现实性，那么它于我们而言就只是一句空话，虽然你很渴望但也可能无法实施。即便真的有耐心做起来，也不会收到好的效果。

所以，要想成为富人，光有一个伟大诱人的目标和循序渐进的耐心还远远不够。目标是虚的，行动手段才是最重要的。当你发现行动的价值时，将你的大目标逐个地分解成可行的具体步骤，也是必不可少的一步。任何成功都是循序渐进的结果，你必须安抚急躁的心灵，让它沉静下来，懂得耐心和等待的意义。

1988年，有一位叫做罗忠福的商人到珠海去投资房地产。但没想到的是，后来的一连串难以预料的变化使他几乎陷于绝境。

当时，罗忠福与深圳、四川和贵州的三家大公司合作开发，他出定金，由四家公司共同投资。但没过多久，深圳、四川的两家公司先后终止了合作，贵州民建房产公司仅仅注入了一百万资金后也失去了踪影，第一次合作就这样化为乌有。

罗忠福的计划泡汤了。无奈的他只好放弃了已经买下的三块地皮，却留下了拱北海关附近的那块地皮。在很多人眼里，那只是一片沼泽地而已，连一条小路都没有，但罗忠福却坚信这是开发珠海房地产的最理想的地皮。他认为，拱北海关与澳门相邻，可以说是珠海的“黄金口岸”，一旦珠海发展壮大起来，这个位置会是全珠海最好的一个地段。

罗忠福倾囊而出，以178万元的价格买下了这块土地。但之后他却没有盖酒楼的钱。怎么办呢？罗忠福几经周折才找到了一家愿意提供资金的澳门公司，并借此在珠海办起了第一家典当行。

一年后，罗忠福终于有了盖酒楼的钱。然而，正当他准备大干一场的时候，原先的合作方贵州民建房产开发公司来索要注入的一百万资金，而且还是要马上拿到资金。罗忠福只好东奔西走筹借资金，好不容易还清了这笔投资款，他又无缘无故地遭遇了一件冤枉案子，使他元气大伤。

这些麻烦终于过去了，他的酒楼却又遭遇了经济政策调整，在全国上下“治理整顿，缩紧银根”的行动中，罗忠福刚开工不久的酒楼被迫停了下来，之前的努力似乎都没有了结果。这时，中山市一家公司看中了这块地皮，愿意以四百万元的价格买下，如果罗忠福愿意转让地皮，加上他原有的资金，他可以获得六百万元。这在当时不是一个小数目。

很多人劝罗忠福不要再干下去了，说他完全可以洗手不干了，但罗忠福却并不这样认为。他不甘心就此垮下去，不甘心被困难所打倒，不愿意半途而废，他铁了心地要达成自己的目标。罗忠福很清楚，中国改革开放的前景很好，一定会继续进行下去，他的企业和事业也一定会有一个更加辉煌的前景。

怀着这份信心，罗忠福在当时的经济不景气和地产被低估的情况下，用自己的所有收入陆续买进了珠海白藤湖西区整整七百五十亩土地。没过几年，这片土地就升值到了好几亿元。

艰苦的两年过去了，1991年的时候经济形势终于有了好转，国家政策也有了新的变化，罗忠福的酒楼得以继续施工，他终于可以扬眉吐气地大显身手了。他投入了更多的资金，将原计划十七层的酒楼加盖到二十一层，还在酒楼顶上建了一座高达十八米的巨型的报时大钟楼。

十几年过去了，罗忠福的这座大酒楼依然屹立在珠海拱北海关口。在人们的心里，它早就成了珠海市的象征。

建成一栋大楼需要多久？罗忠福的例子告诉我们，冰冻三尺非一日之寒。没有谁能够随随便便地就可以爬到社会阶层的顶端，这个过程艰辛而漫长，破阶之路绝非一日之功。如果你好高骛远，企图一夜暴富，妄想凭借自己的天赋或好运气就一夜成名，青云直上，却对此没有投入足够的心血和正确的努力来作为基础，那么终将只是一场梦而已。

不管你的目标是什么，都要始终坚定而又有步骤地去分阶段实现，脚踏实地，抑制内心的急躁情绪，才能心想事成。

很多人在培训课上提到他们的困惑。他们认为自己的计划很完美了，方向也是对的，可就是见不到成效。原因就是他们太急躁了，急于求成，总希望尽快达成，嘴里喊着“时间不等人”，慌张而迫切地向前冲，结果事与愿违，每天都在做着无用功，每次都只能匆匆重来，到最后无法赚钱，也攀登不到财富的顶端。“耐心”加“正确的计划”，才等于成功。

急于求成，就会收获失败。我们需要放远眼光，注重自身知识的积累，让自己厚积薄发，在潜意识里种下冷静和从容的种子，才能够水到渠成。罗马不是一天建成的，一步登天的奇迹虽然有，但只属于少数撞大运的人。

你要知道，那些伟大的成功人物，他们无不是经过多年努力才取得成功的。就像一名运动员，他想在一个赛季取得优异的成就，就必须在此之前长年累月地进行训练，而且是科学的阶段性训练，逐步积累能力。只有这样，他们才能改进自己的不足之处，力求每天都能提高一步。有句话叫做“台上一分钟，台下十年功”。放在这里完全合适。

对此我的建议是：在我们刚刚上路时，不要把志向立得太高，因为太高了就近乎妄想。梦想可以高，但初期目标可以定得低一点。这样比较容易实现，每一步都能以较低的难度完成，等到你完成一百个目标时，你会发现当初那个可望而不可即的梦想已经实现了。因此，要想看到花开，你就要有等待花朵孕育的耐心；要想看到蝶变，你就要有等待化茧成蝶的平静。

任何的成功都需要一步一步地去争取，我们做事的经验也需要一点一滴地积累。同理，金钱也要一分一厘地积攒，而不是忽然就从天上掉下来一堆财富，让你一跃成为百万富翁。有些人之所以比你强，正是因为他们认认真真地做好了每一件事情。他们从不忽视每一分钱，从不心急气躁，而是一步一个脚印，循序渐进地实现自己的计划。对这样的人，上帝一定会保佑他。

犹太人哈同，1872年来到中国上海谋生，当时他二十四岁，年轻力壮，但身上除了衣服外，几乎一无所有。他立志来中国赚钱发财，但自己一无资本，二无专业知识和技术。他决心从一个立足点开始，因自己长得身体魁梧，在一家洋行找到一份看门的工作。要在别人看来是不愿干的，自己相貌堂堂，年轻高大，却屈于当看门的。而哈同却不那么想，他认为看门赚来的钱是一种正当的报酬，没有丢脸和失身份的感觉。另外，他更有深层次的考虑，“千里之行始于足下”，在这份工作上找到个立足点，今后通过自己的努力奋斗，积蓄力量，最后终能找到能赚更多的钱的路子。

哈同在当看门工时，非常认真，忠于职守。晚间，他利用一切可用时间阅读各种经济和财务的书籍，进步很快。老板觉得此人工作出色，脑子灵活，便把他调到业务部门当办事员。

哈同一如既往地敬业上进，由于工作业绩不错，逐步被提升为业务员、大班等。这时，他的收入大为增加了，胸怀壮志的他，并没有因此而知足。他认为自己创业的时机到了，1901年，他找理由离开了打工岗位，自己开始独立经营商行。

哈同自办的商行取名为“哈同洋行”，为了赚取更多的钱，以洋货买卖为主。他看到洋货在中国市场上相匹敌的竞争品不那么多，消费者难以“货比三家”，因此，他的经营获得了高额的利润。

几年间，他赚了许多钱。

随着资本的增多，哈同没有放缓自己的追求，开始买卖土地和放高利贷业务。他买入的土地往往从一些急于等钱用的人手中获得，所以他把价钱压得很低，卖主不得不就范。接着，他将低价买入的土地租给别人造屋，到一定年限后收回，这样连房产也归他所有了。另外，他自己也投资建造楼房供出租，从中获取惊人的利润。就这样，他一步一步地成为了大富豪。

过程从来都不可忽略，追求财富，追求心灵境界的提高，都是如此。

就像我们想去一个地方，都不可能瞬间便飞了过去，而是必须老老实实地走过去或者乘坐相应的交通工具。中间的过程永远不能省略。

爱默生说：“当一个人年轻时，谁没有空想过？谁没有幻想过？想入非非是青春的标志。但是，我的青年朋友们，请记住，人总归是要长大的。天地如此广阔，世界如此美好，等待你们的不仅仅是需要一对幻想的翅膀，更需要一双踏踏实实的脚！”

你不要以为成为有钱人是一件多么容易的事，不要觉得只要聚集了全部的潜能量，就能把吸引力法则拿过来，想吸引什么就吸引什么了。人可以有幻想——幻想总有实现的机会，但你必须脚踏实地，坚持不懈地去努力。而且，你要给梦想充分的时间。

未雨绸缪：水深水浅，不要等掉下去才知道

当你明白了行动的意义之后——我们学到的还远远不够，因为做事情必须讲究方法和策略，重要的是要拥有清醒的头脑，不要急于付出和释放全部的能量。如果你盲目冲动，做事莽撞，你将面临一场赌博，因为你可能好心办坏事，最终把事情办砸，使自己陷入一场巨大的风险和错误。

对于各方因素，你都需要理智地思考，从时机、条件、环境等方面考虑你做这一件事情的最佳方案。现实中很多人都有相同的目标，他们的梦想不可谓不好，但却常常因为准备程度的不同，结果也就有了天壤之别。

在培训课上，我告诉人们：“我总认为一个能力很一般的人，如果有一个好计划，提前做好各种预案，也是会有所作为的。”

无论你的心灵多么强大，做事都要未雨绸缪，提前谋划。你要独立谋划，运用自己的潜意识，调动经验去进行判断，而不是等待别人的指示。成功者不会允许任何人来操纵自己的心灵。失败者则不同，他们总是事后补救，从不事前谋划，所以他们做什么事情都不会进展顺利。

过程不可能一帆风顺，总有意外情况出现。

到美国之后，曾经有一段时间，我处于自己事业的低潮期，好像每天都是我的灰色节日。那是因为我带着极大的期望投资了一些股票，但不久就碰到了股市的大跌，行情很差。与此同时，我的一位朋友也很倒霉，他在国内买了一些彩票，花了好几万，却一分钱都没中。他那几天一直给我打电话诉苦，无形中也影响了我的心情，使我尝尽投资的辛酸，觉得自己掉进了股市陷阱。

我甚至哀叹：“真没想到股市的水这么深，早知道我就不买了。”

但是几天后，我明白了过来。问题并不是出在股市的风险上，而是我自己的准备不足。因为投资者的基本原则之一，是要未雨绸缪，我们要提前为将来发生的任何事做好准备，而不是试图预测可能会发生什么事情。我只是乐观地预测这只股票的前景，潜意识中根本不相信它会下跌，没有做好相应的心理准备，所以才在遇到困难之后，表现得无法接受，以为这是坑人的行业。

无论在投资还是理财上，我们都要强调未雨绸缪，充分地分析会遇到哪些问题，把预案准备好，才能尽可能避开风险。这是富人的强项。而对穷人来说，他们如果想突破阶层之墙，使自己进入到富人的行列，也要学着用富人的思维方式思考。他们不但需要目标，还要考虑风险，不可盲目乐观，而要多一双慧眼，缜密地去思考，让自己有一颗有准备的头脑。

在事前决断，再提前谋划，然后确立目标，就能事半功倍，避开陷阱。

在做这类事时你需要迅速高效，并参考他人的意见。不但要事前做好谋划，还要针对自己的目标，制订每一步详细的行动计划，将要完成的任务分解成可行的步骤，这样就能制作一幅通向成功的交通图，使自己平安无虞地绕过陷阱。

穷人当然不能没有追求，也不能没有坚定的信念，更不可能永远在原地踏步，但这不意味着你让自己变成低头猛冲的莽汉。机遇总是只垂青于那些有准备的人。我们不但要抓住机遇，还要将机遇最终化为放进口袋的果实。

这里既有心态问题，又有技术性的工作需要做。任何事情都是事在人为，准备充足，我们才能扼住命运的喉咙，把控制权牢牢地掌握在自己的手中。你要能够预见到事情的可能性变化，做到未雨绸缪，不要让自己变成一个临渴掘井的人。那样你只会在挖到水之前就悲惨地渴死，命运之神是不会可怜你的。

我曾经在一本书中读到过这样的一个故事：

有一位勇士，他长途跋涉攀登一座高峰，恶劣的气候、陡峭的山壁、难耐的孤寂以及疲惫和饥寒，都不能阻挡他前进的步伐。不知什么时候，勇士的鞋子掉进一粒沙子，沙子实在太细小了，他觉得没有必要为这样一粒微不足道的沙子耽误时间，于是继续前行。可是后来沙子越来越磨脚，带来钻心的疼痛，勇士只得停下清除沙子，然而此时他的脚已经破皮红肿，伤口也有些感染，最后他不得不放弃了登山。

这是一则很短的故事，但却意味深长。它正好可以拿来告诉我们，忽视哪怕一粒沙子般的小问题，都可能毁掉你的梦想。有时决定水的深浅的，不是我们的宏观计划，而是在特定环境中的小问题，你是否提前注意到并为之做好了预案。一个很宏伟的目标可能就因为一个微小的隐患而无法达成，这样的结局总是令人惋惜。而这样的细节问题处理得好坏也是阶层差距的一种体现。

中途下车：败局已定时愿赌服输

对一个本身条件并不优越的人来说，改变命运、成为富人的过程其实是一个充满种种挑战的过程，并非想想就能成功，也不是只要调动了全部的潜能，就可以一帆风顺地必然实现梦想。请记住这一点：世界上没有任何事情是注定的，包括成功和失败。不管你做什么，都会存在相等的成功和失败的概率。这非常像一种人生的命运赌博。所以学会下面的两句话和充分理解，对你将具有非同小可的意义。第一句是“愿赌服输”，输了就摆正心态，从容退出。第二句是“赢家通吃”，赢了就抓住机会，巩固成果，不需要谦让。

相对而言，第一种态度更加重要。不管你做的事情对你有多重要，失败了就坦然承认，发现不行果断退出，不可将过多的精力、心机、面子等浪费在掩盖真相上，耗费更多的精力。当形势糟糕到无法收拾了，注定要失败了就承认，不要遮遮掩掩，或一意孤行拼到底。拼光了老本，你连翻盘的资格都没有了。今天的“服输”，有时是在为了明天在更短的时间内，让自己还有“东山再起”的机会。

让潜意识学会一种放弃的思维，对于某种不可达到的目标——经过证明仍然不可完成时，这时的中途下车就是一种节约成本。经济学上，人们通常称其为机会成本。也就是说，当我们做出某一个选择的时候，实际上也是投入了这一种机会成本的，不管是做某件事，还是放弃某件事，都是一种有益的选择。

如果一个人不懂得放弃，他什么都不想放弃，那么他的人生和命运将是悲剧性的。

有一个小男孩正在玩耍一只贵重的花瓶。他把手伸进去之后，结果竟然拔不出来。父亲费尽了力气也帮不上忙，遂决定打破瓶子。但在此之前，他决心再试一次："儿子，现在你张开手掌，伸直手指，像我这样，看看能不能把手拿出来。"小男孩却说了一句令人惊讶的话："不行啊，爸，我不能松手，那样我会失去一分钱。"

人生下来便进入梦想的竞技场，为了实现制定的目标，每个人都是如此。但是我们只有服从规则，才能走得更远。这个规则就是：胜者为王。如果不能胜，就得服输，提前撤退，节省时间和精力，去做更对的事情。

这要求我们在激发潜能量之前，在我们作出选择时，要审时度势，客观理性。从长远看，选择利大于弊的决定，应当舍去暂时"优越"的恩惠，去追求潜在的有发展前途的"大利"。这是一条衡量方向的标准，确定这一原则，那么你就不会因为失去而失落，不会因为得到而狂妄。如此面对生活，我们的内心肯定是坦荡的，对潜能量的利用就会高效。

面对放弃的定局，失败的过去，一定要调整心态，使潜意识向前看，不必回首往事，而要激发它去替你规划未来，在积极的事情上释放能量。如果你碰到沧桑坎坷，就免不了抚今追昔，那么便很容易萌生消极情绪。

美国前总统尼克松，他从政多年，是20世纪美国历史上因

"水门事件"第一位被迫辞职的总统。在他过完八十大寿后，遇到了一件使他悲痛欲绝的事，他的贤内助、夫人帕特去世了，这是一件非常不幸的事。

但是面对从政和个人生活中的不幸，尼克松却感叹地说："一个人长寿的秘诀是，不可回首往事，只能向前看。你要找些让你为它生存下去的事，否则便是生命的终结。"在他看来，过多地回忆自己的伤心事，一定会给自己的心境带来挫败感，使自己的情绪大为紧张，影响生活的质量。

面对已成事实的失败或沮丧，我们必须毫不犹豫地同忧愁的情绪说再见。

在所有的关于情绪的重创中，忧愁和沮丧无疑是一个杀死积极潜意识的"刽子手"。你我都曾不止一次遇到因为失败而产生的忧虑，它是如此常见，阴魂不散，以至于很难摆脱。不过，我们可以采用逆向的、以毒攻毒的方法来对付和驱赶它！

有一位负债累累的美国商人，委靡不振，形同槁木。当一位失去双脚、坐在一块装着轮子的木板上的残疾人，精神奕奕地向他致"早安"时，他不禁羞愧难抑。回到家里，在每天都看得见的镜子上写下这样的几句话："我一直闷闷不乐，只因为没有鞋子穿；直到我在街上，看到了一个缺了腿的人！"

第一，当忧愁感强烈地袭来时，你可以设想比你更加糟糕的一些人的“境遇”，也许就在这时你的忧愁被驱散了。因为你将从对比中发现，原来自己已经够幸运了。这是一种心理的自卫“举措”，用对比来激发自己的乐观情绪。虽然不是最好的办法，但当你意识到世上有比你更难堪的情况时，此时的情绪就很容易乐观起来，明白应该做什么了。

第二，你可以在做出放弃的决定后，改变一下自己的生活环境，比如把房间的桌子改变一下位置，这些东西可以使环境焕然一新，心情会自然地改变，这是非常重要的一环，使你的潜意识感觉更换了一个新的环境。这个办法非常有效。比如有些人跟恋人分了手，每天回来坐在那个地方睹物思人，就会难过。所以此时切记不要钻进死胡同去，如果你进了死胡同走不出来，那么麻烦就大了。

第三，最重要的是，你要组织创造新的东西，改变自己的过去。过去已经不存在了，中途下了旧车，我们就要上新车，去释放内在的创造力。你要努力找一个新的目标，然后认真投入。这样不但转移了注意力，而且有利于发现正确的方向，找到新的出路。

所以，放弃只是第一步，最关键的是你要走出去。当我们改变环境后，就得寻找一条新出路，树立一个新目标，然后集中力量去做事。

投资未来：明天的事今天开始做

在这个世界上，只有不到20%的人会选择明天的事从今天开始做，而且是认真地开始做，超过80%的人则选择把今天的事放到明天去做，到了明天又会忘了今天的计划，继续向后拖延。所以我们才由此看到了一个无情的事实：世界上20%的富人掌握了超过80%的财富。这是著名的二八定律向我们展现的财富分配比例。但我认为这个比例如今正在日益扩大，也许是低于10%的人掌握了超过90%的财富。因为不会投资未来的人已经越来越多。

当我们谈及对于自己的潜意识和人生成就的综合协调的问题，也就是如何使自己的潜在能量有序释放的整体思路时，我们不止一次说到计划和努力的重要性。你要有长远眼光，学会为了未来投资，给自己的能量释放制定一个有序的轨道和正确的方向。我们要投资未来，就要定好未来的投资方向，也就是要及早地设定人生目标。因为没有目标，你就谈不到发展，更谈不上成功。没有方向，你的潜意识再强大，也只是乌合之众的思维，无序而又混乱，对你的人生起不到强力的推动作用。

美国的著名学府哈佛大学曾经进行过一项闻名世界的跟踪调查，他们调查的对象是一群在智力、学历和成长环境等方面条件差不多的年轻人，调查的目的是为了验证今天制定的人生目标和相应的努力对于被调查者的人生成就的影响。

他们找了很多人，进行了问卷调查，结果发现：27%的人没有目标；60%的人目标模糊；10%的人有着清晰但比较短期的目标；其余3%的人有着清晰而长远的目标。

以后的岁月，他们各自行进在自己的人生旅途中，调查者没有对他们的人生轨迹进行任何干预。二十五年后，哈佛大学的调查组再次对这群学生进行了跟踪调查。结果是这样的：

有3%的人，他们在二十五年间朝着一个方向不懈努力，几乎每个人都成为了社会各界的成功人士，其中不乏各行业的领袖、社会及政治精英；有10%的人，他们的短期目标不断地实现，成为各个领域中的专业人士，大都生活在社会的中上层；另外有60%的人，他们在这个世界上安稳地生活与工作，饿不死，但却十分平庸，在工作上没有什么特别的成绩，几乎都生活在社会的中下层，过着养家糊口的普通日子；剩下27%的人，他们的生活没有了目标，过得非常不如意，并且常常在抱怨他人和抱怨社会。当然，他们也在不停地抱怨和愤恨自己的无能。

其实，他们之间的差别很微小，仅仅在于：在二十五年前，他们中的一些人就已经知道自己最想要做的是什么，而另一些人则不清楚或者不很清楚。这个调查生动地说明了明确的生活目标对于一个人的人生成功的重要意义。

威廉·奥斯勒是约翰·霍普金斯学院的创始人、牛津大学医学院的讲座教授，被英国国王册封为爵士。他在自己年轻的时候也曾经为自己的前途感到迷茫。他觉得未来真是一片混沌，不知道能够做些什么，有时连做计划的冲动都没有，只想一天一天地得过且过。但是一次，他在读书时看到了一句话，这给了他很大的启发。这句话是："最重要的就是不要去看远方模糊的事，而是做手边清楚的事。"从此他豁然开朗，心中无数的欲望和计划都有了一个明确的方向，因为他懂得了今天的重要意义，知道怎样才是真正地为明天做准备——那就是把现在应该做的事情一件一件地全部做好。

对此，哈佛大学的研究者们在调查结束之后，提醒学校的学生说："我荒废的今日，正是昨天殒身之人祈求的明日。"我们的明天再美好，只要今天不努力，也终将是镜花水月，成为不了现实。所以任何幻想都不如抓住眼下的今天多做一点实事。

获得哈佛大学荣誉学位的发明家、科学家本杰明·富兰克林，他有一次接到一个年轻人的求教电话，并与他约好了见面的时间和地点。当年轻人如约而至时，本杰明的房门大敞着，而眼前的房子里却乱七八糟、一片狼藉，年轻人很是意外。

没等他开口，本杰明就招呼道："你看我这房间，太不整洁了，请你在门外等候一分钟，我收拾一下，你再进来吧。"然后本杰明就轻轻地关上了房门。

不到一分钟的时间，本杰明就又打开了房门，热情地把年轻人让进客厅。这时，年轻人的眼前展现出另一番景象——房间内的一切已变得井然有序，而且有两杯倒好的红酒，在淡淡的香气里漾着微波。

年轻人在诧异中，还没有把满腹的有关人生和事业的疑难问题向本杰明讲出来，本杰明就非常客气地说道："干杯！你可以走了。"

手持酒杯的年轻人一下子愣住了，带着一丝尴尬和遗憾说："我还没向您请教呢……"

"这些……难道还不够吗？"本杰明一边微笑一边扫视着自己的房间说，"你进来有一分钟了。"

"一分钟……"年轻人若有所思地说，"我懂了，您让我明白了用一分钟的时间可以做许多事情、可以改变许多事情的深刻道理。"

当你懂得珍惜眼前的每一分每一秒的时候，其实你也就珍惜了所拥有的今天，为明天奠定了一个坚实的基础。不浪费掉现在的任何一丁点时间，我们就能在明天多创造出数倍的价值。

穷人和富人的差距有时就在这里。不是富人多读了多少书，而是他多利用了多少时间，他能够意识到时间的宝贵，并把利用时间当成一项基本的人生原则，给予自己的潜意识关于时间的紧迫感。这为我们揭示了一种人生哲学：我们要以无比珍惜的态度把握时间，明天的事情从今天开始，从现在做起。

安曼曾经是纽约港务局的一名工程师，工作多年后按规定退休。开始的时候，他很是失落。但他很快就高兴起来，因为他有了一个伟大的想法。他想创办一家自己的工程公司，要把办公楼开到全球各个角落。

安曼开始一步一个脚印地实施着自己的计划，设计的建筑遍布世界各地。在退休后的三十多年里，他实践着自己在工作中没有机会尝试的大胆和新奇的设计，不停地创造着一个又一个令世人瞩目的经典：埃塞俄比亚首都亚的斯亚贝巴机场，华盛顿杜勒斯机场，伊朗高速公路系统，宾夕法尼亚州匹兹堡市中心建筑群……这些作品被当做大学建筑系和工程系教科书上常用的范例，也是安曼伟大梦想的见证。八十六岁的时候，他完成最后一个作品——当时世界上最长的悬体公路桥——纽约韦拉扎诺海峡桥。

在生活中，几乎所有的事情都是这样的，如果你愿意开始，不再待在被窝幻想明天，只要认清了目标，打定主意去做一件事，然后迈出第一步，为明天做出详细的计划和实际的准备，那么永远都不会晚。你一定会在为了明天努力的过程中得到实实在在的收获。

当今世界上最大的化学公司——杜邦公司的总裁格劳福特·格林瓦特，每天挤出一小时来研究蜂鸟，并用专门的设备给蜂鸟拍照。权威人士把他写的关于蜂鸟的书称为自然历史丛书中的杰出作品。

休格·布莱克在进入美国议会前，并未受过高等教育。他从百忙中每天挤出一小时到国会图书馆去博览群书，包括政治、历史、哲学、诗歌等方面的书，数年如一日，就是在议会工作最忙的日子里也从未间断过。后来他成了美国最高法院的法官。

一位名叫尼古拉的希腊籍电梯维修工对现代科学很感兴趣，他每天下班后到晚饭前，总要花一小时时间来攻读核物理学方面的书籍。随着知识的积累，一个念头跃入他的脑海。1948年，他提出了建立一种新型粒子加速器的计划。这种加速器比当时其他类型的加速器造价便宜而且更强有力。他把计划递交给美国原子能委员会做试验，又再经改进，这台加速器为美国节省了七千万美元。尼古拉得到了一万美元的奖励，还被聘请到加州大学放射实验室工作。

在人生的道路上，当你停步不前之时，有人却在拼命地赶路。也许当你正窃喜于暂时的收获时，他们还在你的后面无力地向前追赶，看上去没有什么机会追上你，但可能一眨眼的工夫，他已经跑到了你的前面，你再也看不到他的身影了。

因为，他比你强的地方就是不断地为了明天的事做计划，时刻不停下自己的脚步。所以当你以为今天的事已经做完了，明天的事明天再说时，他已经悄悄地跑到你的前面了。作为曾经的领先者，现在你却需要充满失败感地来追赶他了。所以，这个社会要求我们不能停下脚步，要不断地向前，不断地超越。我们的潜意识要去除那些懒惰和侥幸的思维，在今天就为未来做好充足的准备。

没有一种成功是与安逸同时获得的，鱼与熊掌不可兼得。当你选择了其一，就必定放弃了另一种结局。当你在今天开始为了明天而努力时，你就已经为自己的未来存下了一笔受益无穷的资本。

你现在流下的口水，将成为明天的眼泪。你在今天不努力，明天必定会遭罪。

我还想继续提到哈佛大学的案例。我的一位叫做努内斯的朋友曾经在哈佛度过了四年的大学时光，他现在就职于纽约的一家广告公司，做他最擅长的行政管理工作。不久之前，他的公司被一家德国公司兼并了。

这当然是一件不妙的事，因为在合同签订的当天，大家的兴奋劲还没过去，公司的新总裁就正式宣布："请放心，我们作为负责任的公司，当然不会随意裁员，但如果你的德语太差，导致无法和其他的员工有效地交流，出于工作的考虑，那么，不管是多高职位的人，我们都不得不请你离开。我们会给每个人一次证明自己的机会，这个周末公司将进行一次德语考试，只有考试及格的人才能继续在这里工作。”

散会后，几乎所有的人都拥向了图书馆，他们这时才意识到要赶快补习德语了，因为德语不过关就意味着失业。只有努内斯像平常一样直接回家，享受正常的生活节奏，一点也不着急。很多同事都认为他已经准备放弃这份工作了，毕竟，他的学习背景和公司管理层的工作经验会帮助他轻而易举地找到另一份不错的工作。

然而，令所有人都想不到的是，考试结果出来后，这个在大家眼中最没有希望的人却考到了最高分。为什么？因为努内斯早有准备。他在毕业后来到这家公司后，在工作中发现与德国人打交道的机会特别多，不会德语会使自己的工作受到很大的限制。所以，他很早就开始自学德语了。他利用了一切可利用的时间，每天坚持学习并且最终学有所获。

如果过去的几年中他没有进行相应的语言知识的储备，今天他也会和同事们一样狼狈不堪，很可能失去这份薪资优厚的工作。

所以，我经常以此作为案例，告诉那些参与潜能培训的人们：“当你在若干年后回想起曾经的梦想时，希望带给你的是无尽的欣慰笑容，而不是因为蹉跎而流下的悔恨泪水——将明天的事情从今天做起吧，懂得投资自己的未来，让理想提前在今天实现，而不是寄希望于未来的某一天灵光一闪。”

控制欲望：膨胀只会让你“死”得更快

在每个人的潜意识深处，都有着无穷无尽的不受节制的欲望冲动。即便是最伟大的人物，他们也曾制订过不切实际的“统治全球”的计划。可是结果证明，再坚固的车子如果超过了它的限制时速，也一定会翻车。如果你认为自己已经无所不能了，那么距离你倒霉的日子也就不远了。

把自己放在一个适当的位置上非常重要，小心地控制前进的速度，调节自己的心态，对你而言，往往比在冲过对手的阻隔争取第一个摘到果子更具有现实意义。现在许多人不会照顾自己，他们正因为已经得到了很多，所以从心理到身体上都忘了自己是谁。他们本来可以爬到七十米的高度，此时却认定自己可以爬到一百米甚至两百米以上。当然还有一些人——这类人是我们常常见到的，他们过于看重自己，处处以自己为中心，自视甚高。这些人经常说的一句话是：“那又怎么样呢，我可以处理，我想做，就去做好了，我还是可以做好的，我一向有好运气，上帝照顾我，我会赚得更多，不要为我担心……”

诸如此类的扬扬自得之词，不知你在做事的时候是否说过？

欲望的膨胀会给我们带来无尽的虚荣与自信，我会觉得自己实在了不起：你看，我用很简单的方法就赚到了一百万，对别人来说破产的风险在我这里轻松地摆平了！我还有什么做不到呢？

在这种心理的驱动下，我就很可能犯下巨大的错误，制订更加冒险的计划。于是，在不经意间，我就走进了一个可能让自己死无葬身之地的陷阱。

不受节制的虚荣心，会让人制定非理性的冒险计划。

虚荣和自信对人来说就如同一个镜子的两面，一方面它们当然是真实的，它们来源于我们的优秀；但另一面则是不切实际的幻境，因为它们在逐渐地向着超出自己控制范围的方向前进。这就像女人一样，她们都喜欢照镜子，都梦想镜中的那个自己能永远如初开的玫瑰般娇艳，也希望自己生活中的模样可以同想象中一样完美，可是，她的想象往往是虚假的，水分太多很容易就被残酷的现实击得粉碎。

人需要基本的自信，我们可以自信地立足于镜子对面，通过对自己的赞美获得内心的安宁，相信自己才是生活的主人。而无边无际的虚荣和不断膨胀的欲望，则是把一切寄托在镜子里的幻影中，进而否认自己真实的一面，只相信自己希望看到的幻象——相信自己可以做到一切。

要想克服潜意识中的虚荣，最简单的办法，就是明白什么才是真实的生活，懂得见好就收的意义。真实的生活是建立在自身能力的基础上，而不是建立在对别人的寄托或者对自我的幻想上。比如，我们可以变得很优秀，但仅此而已，我们能够从穷人变成富人，从一个普通人成为一个名人，改善自己的生活，但我们很难创造一个商业帝国或者在这个星球上说一不二。这个道理很简单，最终每个人都会明白，因为生活本身会用它的方式教会每一个人。

安东尼罗宾说："过去不等于未来！"过去你取得的一切成就，在今天来说已经成为过眼云烟。昨天你能做得很完美的事情，今天如果去做，可能就会破绽百出并招致失败。上个月你能赚到一千万，是因为当时的环境支持你的行动，而这个月的形势可能就需要你收回冲动，老老实实小心谨慎地控制支出，以免掉进市场的陷阱。

膨胀的欲望往往是我们需要面对的第一个陷阱。在国内，我曾经和合伙人去听了一场安利营销部门的工作大会，让他体验了一下什么叫做没有节制的欲望膨胀。大会当然很疯狂，每个人都激情四射，有一位姓刘的销售总监，年薪过百万，站在台上大声地激励着台下的员工。我对其中的一句话印象深刻，他说："兄弟姐妹们，去年我的销售额是六千万元，今年我相信，增长三倍不是什么问题！我已经给罗总立下了军令状，达不到目标我就辞职滚蛋！"话音刚落，台下掌声雷鸣，所有的人都激动地鼓掌欢呼，眼睛含泪，好像这是注定可以完成的，他们已经看到了刘总监创下销售奇迹的明天。

但是，我听了之后却顿时感到了沉重，为这位刘姓总监的明天十分担忧。他在台上的狂热就是欲望失去控制的表现，当他陷入一种这样的疯狂状态时，他的失败已经是不可避免的了。后来发生的事实也证明了我的判断，刘总监并没有完成他的目标，虽然他做得还不错（对于一名化妆品销售人员来说），完成了去年大约90%的任务，稍有下降，但总体还在合理范围之内。但是和他那个翻三倍的狂言比起来，这个业绩等同于耻辱。所以，他选择了离职。

你千万不要因为一个小小的成功就膨胀起来，看似目中无人，实则这样的心态已让你开始一无所有。不管自己的昨天有多么成功，你都要保持自信、谦虚的心态。这样才能使自己不断学习和不断地稳步前进，不至于因为速度太快而翻车。

我讲过一个小男孩的故事，说的是他跟随父母去海边玩耍。当潮落的海水一点点消退的时候，男孩挣脱父母的手心，赤着脚奔跑在沙滩上，然后站在微波荡漾的海水里。潮起的时候，海水追逐着浪花，瞬间淹没了小小的脚丫留下的足迹，顽皮地把男孩撵到岸边。不经意间，他发现一些小朋友手里拎着螃蟹、贝壳等战利品，他委屈地抹开眼泪，后悔自己的贪玩。父亲却意味深长地告诉儿子：当你在沙滩上与海水嬉戏玩耍的时候，你就收获了一种喜悦的心情，体验了一种玩耍的快乐。于是，男孩甜甜的笑容又重新洋溢在了脸上。没错，得不到战利品又有什么？到海边来的目的并不仅仅为了这些贝壳，还为了收获快乐的心情，这才是最重要的目标。

在赌城拉斯维加斯，每年都会有上千万的游客慕名而来。为了吸引更多的人参与赌博，拉斯维加斯的赌场老板们联合起来，安排了大量的车免费接送游客去拉斯维加斯旅游参观，并给每位乘客免费赠送二十美元的筹码，让他们去各个赌场赌上一把。

林老板就是这些游客中的一个。林老板原来在北京秀水街练摊卖衣服，专做那些有钱老外的生意。由于他出道比较早，发了不少财。后来他去美国旅游，中间有一站便是赌城拉斯维加斯，林老板禁不住免费筹码的诱惑，前去小试两把。林老板的手气一开始还不错，几把就赢了上千美元，林老板一看钱来得这么容易，于是把身上的钱全部押上去了。结果没想到，几把下来，身上的钱全输光了。这下林老板输红了眼，又叫家人汇钱来，想把本给捞回来，没想到后面的运气越来越差，原来的钱没赢回来，把老本又输光了。最后，幸亏国内老乡的帮助，林老板才幸运地回了中国，要不然就会在异国沦为凄惨的乞丐了。

无止境的欲望，扭曲掉人们的潜意识，使一个人失去节制地追逐利益，就会导致这样的结果。

当你妄想收获一切时，你就可能失去一切。

现在我们身处于一个浮躁的社会，人们普遍不懂得控制欲望。几乎所有的人，他们过于看重物质生活和物质的享受，有房还要有车，有钱还要有权，一切都陷入了互相攀比和炫耀的怪圈之中，不能自拔，成为了物质的奴隶，而忘记生活本来的目的。戏剧性的是，这些人往往是真正的穷人。他们疯狂地追逐着与钱有关的一切物质，但本身并不富裕。

这是因为什么呢？他们并没有真正从心灵的层面思考人生的价值，一开始就闷头急于直奔终点而去，而忽略了沿途的风景。被欲望掌握了心灵，这样的人生也就没有什么快乐可言了。

在欲望面前，必须让自己拥有快乐的能力。

使得潜意识拥有享受快乐的能力，即使我们的生活比较清贫也依然会是幸福的；但假如整个身心都陷于物质追求、不懂得快乐和幸福之道，即便家财万贯、富可敌国也依然没有快乐可言，依然会在欲望的奔驰中发生“车祸”。

许多人会在我面前怪罪于不良环境的不断刺激，他们认为在糟糕的大环境下很容易发生直接的条件反射，使他们的潜意识跟随众人的习惯，去接受欲望的领导。然而在我看来，这显然是一种错误的认识。你为什么不是在每次受到不良环境刺激的时候就条件反射一样地去抵制这种刺激呢，为什么不在内心给予自己一些提醒呢？

“你可以这样做的！”我说，“你之所以会降低自己对于不良环境的防御力，那是因为你的内心对这种刺激所会产生的严重后果认识不足。如果你所处的环境经常刺激你，你却还是抱着这样一种给自己找借口的态度来认识你自己的话，结果将十分危险，你很可能会继续陷入不良欲望的控制之中而无法自拔。”

我对那些为了实现理想而激发内在欲望动力的人们提出了两个忠告：

一、当你作为员工时，你在公司里要学会控制自己的欲望，通过正常的渠道获得应得的利益，脚踏实地地在公司内部获得正常的升迁，而不应该任由自己的欲望泛滥。

二、每个人都不可能没有自己的欲望，但你要学会控制和驾驭。有时候我们会无法避免地面临着很多的诱惑，正确的做法是我们只拿属于自己的那一份。千万不要太贪婪，不要不知足，要知道欲望是无止境的，它会毁灭一个人的正常的生活。当你能够战胜内在的欲望时，你也就成为了自己潜意识的主人，并且拥有了一个健康的心灵世界。

如果你不去控制内心的欲望，那你就必然为欲望所控制，成为它的奴仆，在它的驱使下没有节制地焚烧自己。人生就是如此简单，快乐也并不复杂，阶层只有一墙之隔，它的厚度是多少，一切都看你自己的选择。当你选择放纵欲望时，它将永远把你隔在外面。只有采用切实可行的方法训练我们的内心，用更科学的方式去面对现状和未来的生活，激发我们心灵的力量，让它在简简单单的生活中处处闪光，让我们成为欲望的主人，懂得何时快速前进，何时又该停下脚步——只有这样，破墙的能力才可以成为我们突破阶层之困的工具，并且让我们永远获得心灵的富足。

图书在版编目（CIP）数据

潜意识：突破阶层之墙 / 高原著 . —长沙：湖南文艺出版社，2012. 7
ISBN 978-7-5404-5615-3

Ⅰ. ①潜…　Ⅱ. ①高…　Ⅲ. ①成功心理 – 通俗读物　Ⅳ. ①B848.4–49

中国版本图书馆 CIP 数据核字（2012）第 106872 号

上架建议：励志· 成功心理学

潜意识：突破阶层之墙

著　　者：高　原
出 版 人：刘清华
责任编辑：丁丽丹　刘诗哲
监　　制：一　草
特约编辑：刘　霁
版式设计：张丽娜
出版发行：湖南文艺出版社
（长沙市雨花区东二环一段 508 号　邮编：410014）
网　　址：www.hnwy.net
印　　刷：北京世纪雨田印刷有限公司
经　　销：新华书店
开　　本：880mm × 1270mm　1/32
字　　数：190 千字
印　　张：9
版　　次：2012 年 7 月第 1 版
印　　次：2012 年 7 月第 1 次印刷
书　　号：ISBN 978-7-5404-5615-3
定　　价：32.80 元
（若有质量问题，请致电质量监督电话：010-84409925）